国际汉语教师证书
备考指南

基础语法篇

微课版

郭晓麟 主编

参编人员（按音序排列）：
常 娜　窦玉荣　韩 梅　李 泓
李 燕　莫 丹　游锋华　郑家平

北京语言大学出版社
BEIJING LANGUAGE AND CULTURE
UNIVERSITY PRESS

© 2021 北京语言大学出版社，社图号 21027

图书在版编目（CIP）数据

国际汉语教师证书备考指南.基础语法篇：微课版 / 郭晓麟主编.—北京：北京语言大学出版社，2021.5
ISBN 978-7-5619-5854-4

Ⅰ.①国… Ⅱ.①郭… Ⅲ.①汉语—语法—对外汉语教学—资格考试—自学参考资料 Ⅳ.①H195.3

中国版本图书馆CIP数据核字(2021)第074007号

国际汉语教师证书备考指南·基础语法篇（微课版）
GUOJI HANYU JIAOSHI ZHENGSHU BEIKAO ZHINAN · JICHU YUFA PIAN
(WEIKE BAN)

排版制作：	华伦图文制作中心
责任印制：	周 燚

出版发行：	北京语言大学出版社		
社　　址：	北京市海淀区学院路 15 号，100083		
网　　址：	www.blcup.com		
电子信箱：	service@blcup.com		
电　　话：	编辑部	8610-82303395	
	发行部	8610-82303650/3591/3648	
	北语书店	8610-82303653	
	网购咨询	8610-82303908	
印　　刷：	北京中科印刷有限公司		
版　　次：	2021年5月第1版	**印　次：**	2021年5月第1次印刷
开　　本：	787 毫米×1092 毫米　1/16	**印　张：**	19.5
字　　数：	308 千字		
定　　价：	69.00 元		

PRINTED IN CHINA

编写说明

本书选取了初级汉语教学中常见的33个语法点，包括汉语的特殊句式、固定结构、句法成分、语法标记，以及一些词语的辨析。这些内容几乎可以涵盖初级汉语语法教学中最基础的内容。

在编写体例上，每个语法点的教学主要围绕如下问题展开：（一）教学要点，包括语法点的核心语法意义、主要形式与典型例句、使用的典型情境、教学重点与难点、与相关形式的联系与区别；（二）教学步骤，包括语法点如何导入、如何讲解和操练、如何总结、如何设计课堂活动；（三）典型偏误分析，对该语法点的常见偏误类型进行分析，帮助教师有效预测学生语言输出中可能存在的问题；（四）练习，围绕各语法点设计有针对性的练习供教师参考。此外，本书还设计了"知识链接""思考题""参考文献"三个板块，延伸与各语法点相关的内容。其中，"知识链接"部分介绍语法研究领域有关该语法点较为前沿和有代表性的观点；"思考题"部分紧紧围绕各语法点的教学重点与难点，引发读者进行更深入的思考。

本书特别适合"国际中文教师证书"（原名"国际汉语教师证书"）考试的应试者及新手汉语教师阅读和使用。通过阅读本书，读者可以获得常见语法点的相关知识和教学技巧，并提高进行语法点教学设计的能力。本书配有各语法点的教学示范微课，读者可以在中国大学MOOC（慕课）网站检索学习，网址https://www.icourse163.org。

本书编者均为北京语言大学拥有多年海内外汉语教学经验的一线教师，教学能力强，其中大部分编者曾荣获校级教学奖，多位编者曾荣获北京市教学比赛一等奖。编者们学科背景不同，在语法学、语言习得、语言认知等研究领域都有所建树，这都为本书的编写质量提供了可靠的保证。

郭晓麟

2021年3月

缩写形式表

缩写形式	对应词类或结构
Adj.	形容词
Adv.	副词
AP	形容词性短语
C	补语
C_动量	动量补语
C_复趋	复合趋向补语
C_简趋	简单趋向补语
C_结果	结果补语
C_时量	时量补语
M	量词
M_动量	动量词
M_名量	名量词
M_时量	时量词
N	名词
NP	名词性短语
Num.	数词
Num.-M	数量词
N_地方	地方名词、处所名词
N_人	人称代词
O	宾语
O_离合	离合词中的宾语成分
Pron.	代词

（续表）

缩写形式	对应词类或结构
S	主语
S$_{地方}$	地方主语、处所主语
T	时间词
T$_{点}$	时间点
T$_{段}$	时间段
V	动词
VO	动宾结构
VP	动词性短语
V$_{离合}$	离合词
V$_{能愿}$	能愿动词
V$_{趋向}$	趋向动词
V$_{心理}$	心理动词

目　录

第一节　"把"字句……………………………………………………1

第二节　"被"字句……………………………………………………12

第三节　存在句…………………………………………………………21

第四节　主谓谓语句……………………………………………………34

第五节　连动句…………………………………………………………44

第六节　"比"字句（1）：肯定式…………………………………52

第七节　"比"字句（2）：否定式和疑问式………………………61

第八节　等比句…………………………………………………………71

第九节　"连"字句……………………………………………………79

第十节　"是……的"句………………………………………………88

第十一节　"除了……（以外）"结构………………………………96

第十二节　"一……就……"结构……………………………………106

第十三节　"正在……（＋呢）"结构………………………………115

第十四节　"又……又……"结构……………………………………124

第十五节　"一边……一边……"结构………………………………131

第十六节　"一M比一M……"结构…………………………………136

第十七节　"的"字结构………………………………………………146

· 1 ·

第十八节	结果补语	154
第十九节	可能补语	163
第二十节	时量补语	172
第二十一节	状态补语	180
第二十二节	程度补语	190
第二十三节	简单趋向补语	202
第二十四节	复合趋向补语	210
第二十五节	动态助词"着"	218
第二十六节	经历体标记"过"	228
第二十七节	动态助词"了$_1$"	237
第二十八节	语气助词"了$_2$"	249
第二十九节	动词重叠式	260
第三十节	表周遍义的疑问代词	268
第三十一节	"还是"和"或者"	277
第三十二节	"就"和"才"	285
第三十三节	"再"和"又"	295

第一节 "把"字句

一、教学要点

（一）核心语法意义

"把"字句表示物体的位移（张旺熹，2001）和行为引发的结果（冯胜利、施春宏，2011）。物体的位移，如"他把书放在桌子上了"，表示物体"书"的位置从别处移动到桌子上了。行为引发的结果，如"他把水喝光了"，表示"喝"这一动作行为的结果是"水光了"。

（二）主要形式与典型例句

1. 肯定形式

S＋把＋O＋V＋在＋N$_{地方}$
（1）老师把书放在桌子上了。

S＋把＋O＋V＋到＋N$_{地方}$（＋来/去）
（2）老师把椅子搬到门口（去）了。

S＋把＋O＋V＋V$_{趋向}$＋N$_{地方}$（＋来/去）
（3）他把书放进书包里（去）了。

S＋把＋O＋V＋给＋N$_{人}$
（4）老师把花儿递给她了。

S＋把＋O＋V＋C
（5）她把水喝完了。

S＋想/要/打算/应该＋把＋O＋V……

（6）他想把礼物送给那个女孩儿。

2. 否定形式

S＋没＋把＋O＋V……

（7）我没把自行车送给朋友。

S＋不＋V_能愿＋把＋O＋V……

（8）你不能把纸贴在黑板上。

（三）典型情境

由于"把"字句的核心语法意义是物体的位移和行为引发的结果，因此"把"字句出现的典型情境主要与位移和结果有关，如搬家、摆放物品、整理房间、打扫卫生、拿取东西、借还物品等。

（四）重点与难点

"把"字句的教学重点：一是其句法结构特征，即宾语位于介词"把"之后，动词后常有补语成分且动词必须为行为性动词（表动作、感觉、评价等的动词）；二是其语用功能，即该结构何时使用，作用是什么。"把"字句的教学应注意凸显这两点。

学习者学习"把"字句的难点：第一，不能准确掌握"把"字句的句法结构，出现如句法成分缺失、动词选择错误、动词附加成分选择错误等问题。（刘颂浩，2003）第二，"把"字句内部语义关系上的不一致使得早期学过的句式会对"把"字句的习得产生副作用。初级阶段学习的为典型的"把"字句，即表示某确定的事物因动作而发生位置或关系的转移，或因动作而发生某种变化，产生某种结果。但中高级阶段接触的一些"把"字句不具有上述语义特征，如"我把腿摔伤了"。这类"把"字句与"把"字句核心语法意义的不一致，导致这类句式的习得难度加大。（刘颂浩，2003）第三，不能正确理解"把"字句的语用功能。

（五）相关形式

"把"字句和"被"字句在句法结构和语义方面有相似之处，它们之间有时可以互相转换。"把"字句和"被"字句既有共性，又有差异。（张伯江，2001）共性表现在这两类句式跟"主动宾"句比较，都具有"强影响性"和"弱施动性"的特点。使用"把"字句和"被"字句的时候，一定是动作对受事产生了影响，受事经历了明显的状态变化，这就是"强影响性"。"弱施动性"指的是施事在这两类句子中经常可以不出现。但二者也存在差异。虽然两类句式都具有"强影响性"，但是"被"字句的影响性可以不是针对受事的，而是针对当事人的。例如：

（9）a. 他的纸条被老师发现了。
　　　b. *老师把他的纸条发现了。

在例（9）a里，事件的发生影响的并不是"他的纸条"，而是事件当事人"他"。"他的纸条被老师发现了"，承担后果和影响的是"他"，而不是"他的纸条"。而"把"字句则没有这个特点，事件的影响力仅限于受事本身，所以（9）b是不合语法的句子。

二、教学步骤

（一）导入

为了充分体现"把"字句的核心语法意义——表示物体的位移和行为引发的结果，教师在导入时要选取表现"把"字句典型语用功能的语境。例如，教师可以通过动作导入：

教师：（拿起一本书，把它放在桌子上）老师现在在做什么？
学生：老师放书。
教师：对，老师放书。书放在哪儿了？
学生：书放在桌子上了。
教师：对，书放在桌子上了。那我们怎么说呢？这个时候我们要说"老师把书放在桌子上了"。

（二）讲练

通过以上导入，教师引导学生理解并说出"把"字句的肯定形式。

1. S + 把 + O + V + 在 + N$_{地方}$

（1）老师把书放在桌子上了。[1]

教师向学生讲解句子的语法意义：做一个动作，这个动作使某物有了改变（原来书在那儿，现在在桌子上）。这个物体是确定的，我们都知道是哪本书。（"老师放书在桌子上"是错误的，此时一定要用"把"字句。）

学生看教师的动作回答问题，通过具体的例子进一步理解"把"字句表示物体位移的语法意义。问题如：

（2）老师把杂志放在哪儿了？

（3）老师把书包挂在哪儿了？

教师向学生展示图片（图略），要求学生根据图片内容回答问题：

（4）她把自行车放在哪儿了？

（5）她把花儿放在哪儿了？

教师再要求学生根据实际情况回答问题：

（6）你把手机放在哪儿了？

（7）你把护照放在哪儿了？

教师发出指令，要求一名学生执行，同时提问其他学生。例如：

（8）请你把书放在书包里。——老师请她做什么？

（9）请你把笔放在他的桌子上。——老师请他做什么？

小结：此类"把"字句表示做一个动作使某物改变了地方，"在"后面的地方可以是"教室""宿舍"，也可以是"桌子上""墙上""书包里"等等。

---

[1] "教学步骤"部分，我们仅将教师在黑板或PPT上需展示出来的例句和问题进行了排序，不需板书展示的对话、讲解、说明等不进行排序，以此突出语法点讲解中的板书设计。

2. S＋把＋O＋V＋到＋N_{地方}（＋来/去）

教师让学生看自己的动作（如把椅子搬到教室门口）并回答问题"现在老师在做什么？"，然后向学生展示句子结构"S＋把＋O＋V＋到＋N_{地方}（＋来/去）"，并说明发生位移时可以在动词后用"到"。

（10）老师把椅子搬到门口（去）了。

在讲练这个句式的时候，教师要注意引导学生理解"在"和"到"的区别："在"只强调动作的终点，而"到"强调动作从起点到终点的整个过程。教师可以稍加讲解，说明这个句式的语法意义是做一个动作使某物从一个地方到了另一个地方，后面可以用"来/去"表示方向，并注意纠正学生可能出现的偏误句"老师搬椅子到门口去了"。

在此基础上，教师要求学生脱离现场的具体语境改说句子，进一步掌握"把"字句的基本结构：

（11）书原来在家里，我拿书，现在书在教室。（目标句：我把书拿到教室来了。）

（12）钱原来在我钱包里，我存钱，现在钱在银行。（目标句：我把钱存到银行去了。）

学生看图片（图略）回答问题：

（13）妈妈把孩子送到哪儿了？（目标句：妈妈把孩子送到幼儿园去了。）

（14）我打电话订外卖，外卖员把饭送到哪儿了？（目标句：外卖员把饭送到家里来了。）

（15）他们把朋友送到哪儿了？（目标句：他们把朋友送到机场去了。）

（16）他把书包挂到哪儿了？（目标句：他把书包挂到椅背上了。）

学生掌握该句式后，教师发出集体指令（如"请你把书放到书包里"），要求学生做动作，然后随机提问一名学生："他把书放到书包里了吗？"

"他把书放到书包里了"也可以说"他把书放进书包里（去）了"，以此引出下面的基本形式。

3. S + 把 + O + V + V$_{趋向}$ + N$_{地方}$（+ 来/去）

（17）他把书放进书包里（去）了。

（18）妈妈把孩子接回家了。

教师提问，学生看图片（图略）回答问题，说出动词后接趋向补语的"把"字句。

（19）她把衣服放在哪儿了？（目标句：她把衣服放进衣柜了。）

（20）她把病人接到哪儿了？（目标句：她把病人接回家了。）

（21）她把花儿放到哪儿了？（目标句：她把花儿拿上楼了。）

4. S + 把 + O + V + 给 + N$_{人}$

教师通过动作导入，学生看教师的动作回答问题，引出动词后接动作接受者的"把"字句。

老师把花儿递给谁了？——S + 把 + O + V + 给 + N$_{人}$。

（22）老师把花儿递给她了。

教师要向学生说明：这种类型的"把"字句表示通过某个动作，使一个我们都知道的东西从一个人那儿到了另一个人那儿。

学生看教师的动作回答问题：

教师：这本词典是艾米的，现在——（教师作借书状）

学生：艾米把词典借给老师了。

教师：现在——（教师作还书状）

学生：老师把词典还给艾米了。

学生看图片（图略）回答问题：

（23）她的钱包——（目标句：她把钱包拿给姐姐了。）

（24）他把花儿送给谁了？（目标句：他把花儿送给女朋友了。）

5. S + 把 + O + V + C

（25）她把水喝完了。

教师可以通过动作引入这个句式：准备一个装有少量水的杯子，教师把杯子里的水喝完，然后问学生："老师做什么了？水喝完了吗？"

教师讲练该句式时应向学生说明：我们用这种"把"字句是表达

做了一个动作以后，宾语改变了。"我把这句话听懂了"是错的，因为"听"的动作并不能让"这句话"改变什么。另外，动词后面通常要有其他成分说明动作引发的结果，如例（25）的"完"。有时候动词后虽然只有"了"，没有结果补语，但"了"可以表达动作做完了的意思，所以也是可以的，如"她把水喝了"就表示"她把水喝完了"。

教师引导学生描述图片（图略），说出包含结果补语的"把"字句：

（26）他把啤酒喝完了。

（27）他把汉堡吃完了。

（28）他把快递寄走了。

（29）他把饭做好了。

（30）他把衣服洗干净了。

通过师生问答或生生问答，学生进一步练习和巩固该句式。例如：

（31）你把早饭吃完了吗？

（32）你把昨天的作业做完了吗？

（33）你把书拿来了吗？

（34）朋友快要生日了，你把礼物准备好了吗？

6. S ＋ 想/要/打算/应该 ＋ 把 ＋ O ＋ V……

（35）他想把礼物送给那个女孩儿。

该句式可以通过图片导入：教师请学生看图（图略）并提问"他想把礼物送给谁？"，从而引出目标句"他想把礼物送给那个女孩儿"。

对该句式的操练也可以通过看图回答问题的方式进行。例如：

（36）她想把书放在哪儿？

（37）她想把快递寄到哪儿去？

（38）她想把贺卡寄给谁？

或者，教师可以让学生根据实际情况回答问题。例如：

（39）下课以后你要把书留在教室吗？

（40）回国的时候你想把书寄回国去吗？

（41）回国的时候你打算把自行车送给朋友吗？

从（41）这个问题，我们可以过渡到"把"字句否定形式的讲练。

教师通过问学生"你把自行车送给朋友了吗？"，引出否定形式"我没把自行车送给朋友"。

7. S + 没 + 把 + O + V……

（42）我没把自行车送给朋友。

教师要向学生说明"把"字句否定形式的结构特点：否定词"没""不"应放在"把"字之前。

8. S + 不 + V$_{能愿}$ + 把 + O + V……

（43）你不能把纸贴在黑板上。

学生根据实际情况回答问题：

（44）老师把作业还给你了吗？

（45）你把作业交给老师了吗？

（46）老师把书放进书包里了吗？

（47）老师有没有把书放进书包里？

（48）我能不能把自行车放在教室里？

（三）总结

"把"字句表示做一个动作，使某物有了改变。在"把"字句里，动词的后面可以是"在""到""进""回""给"等。

（四）课堂活动

任务：搬家

要求：西蒙以前住在学校宿舍里，现在找到了一个新房子，要搬家了，他有很多东西要搬。我们用今天学到的语法来说一说他是怎么收拾东西的。

参考句：

书（把书放在纸箱里；把书带到新家去）

衣服（把衣服洗干净；把衣服放在箱子里）

照相机（把照相机放在包里）

鞋（把鞋放在鞋盒里）
冰箱（把冰箱里的东西收拾干净）
杂志（把杂志送给朋友）
钥匙（把钥匙还给宿舍管理员）
电脑（把电脑带到新家去）

三、典型偏误分析

1. 句式误用类偏误

（1）*我放书在书包里。

正确句：我把书放在书包里。

说明：这个偏误句该用"把"字句却以一般"主动宾"句替代，这是由于不清楚"把"字句使用的典型情境而产生的偏误。因某个动作而使事物发生位移时，必须使用"把"字句而不能使用"主动宾"句。

2. "把"字句泛用类偏误

（2）*他把我很高兴。

正确句：他让我很高兴。

说明：这个句子里的"高兴"不是由某个动作引起的，因此不能使用"把"字句，而应使用动词"让"。

四、练习

（一）请将下列词语排列成语法正确的句子：

1. 妈妈、孩子、了、回、接、家、把
2. 了、我、手、把、放、在、上、桌子
3. 个、包、那、了、小王、朋友、把、给
4. 把、奶奶、墙、挂、上、在、照片、了

5. 机场、彼得、到、了、送、把、朋友
6. 送、把、妹妹、没、衣服、洗衣店、到
7. 他、照片、没、把、给、带、我
8. 我、请、包、把、给

（二）请用"把"字句将下列句子补充完整：

1. 你回韩国吗？我给我妈妈买了一本书，请＿＿＿＿＿＿。
2. 哎呀！我没带钱！＿＿＿＿＿＿！
3. 我11点就打电话订餐了，现在12点，＿＿＿＿＿＿。
4. 我去年借给他一万块钱，可是＿＿＿＿＿＿。

五、知识链接

"把"字句是现代汉语语法研究中经久不衰的一个热门话题，因为它既与汉语语法体系的许多问题密切相关，又是汉语特有的句式，与汉语二语学习者的母语相差很大，学习者普遍感到难学。研究者认为，"把"字句中的VP必须是一个说明由于某一行动而造成事物的某一状态的描述性语段（薛凤生，1987），VP的功用在于说明事物在某一行动的作用下所发生的变化（崔希亮，1995），"把"字句表现某物、某人、某事经历了一个完整的变化过程，或者有终结的事件（杨素英，1998）。典型的"把"字句表现一个物体在外力作用下从甲点转移到乙点的位移过程，包括物理空间、时间、人体空间、社会空间、心理空间、范围空间以及泛方向空间等层面的位移。（张旺熹，2001）冯胜利、施春宏（2011）认为，"把"字句主要用来表达物体的移位和行为引发的结果。

六、思考题

1. 为什么"把"字句会成为二语学习者习得的难点?
2. 不同语言背景的学习者"把"字句的习得情况一样吗?请在教学实践中观察一下学习者的语言背景对"把"字句习得的影响。

七、参考文献

崔希亮."把"字句的若干句法语义问题[J].世界汉语教学,1995(3).

冯胜利,施春宏.论汉语教学中的"三一语法"[J].语言科学,2011(5).

金立鑫."把"字句的句法、语义、语境特征[J].中国语文,1997(6).

刘颂浩.论"把"字句运用中的回避现象及"把"字句的难点[J].语言教学与研究,2003(2).

薛凤生.试论"把"字句的语义特性[J].语言教学与研究,1987(1).

杨素英.从情状类型来看"把"字句(上)(下)[J].汉语学习,1998(2,3).

张伯江.被字句和把字句的对称与不对称[J].中国语文,2001(6).

张旺熹."把"字句的位移图式[J].语言教学与研究,2001(3).

第二节 "被"字句

一、教学要点

（一）核心语法意义

汉语的被动句可以分为广义的被动句和狭义的被动句。广义的被动句是指主语为谓语动词的受事的句子，而狭义的被动句除此条件以外，还必须在受事主语和谓语动词之间使用表示被动意义的介词"被""叫""让""给"等（周国光，1994），也叫"被"字句。本节所考察的是狭义的被动句，也就是"被"字句。

被动句主要表示受事受到某种动作行为的影响而发生改变，通常是说明对受事者或说话者来说不愉快、不如意、受损害的情况。（刘月华等，2001；吕文华，2013）

（二）主要形式与典型例句

1. 肯定形式

S＋被＋O＋VP

（1）他的自行车被小偷偷走了。

2. 否定形式

S＋没＋被＋O＋VP

（2）他的自行车没被小偷偷走。

3. "被"字句中副词的位置

S＋Adv.＋被＋O＋VP

（3）他的自行车肯定被小偷偷走了。

4. 其他形式

让：S＋让＋O＋VP

（4）他的自行车让小偷偷走了。

叫：S＋叫＋O＋VP

（5）他的自行车叫小偷偷走了。

给：S＋给＋O＋VP

（6）他的自行车给小偷偷走了。

（三）典型情境

"被"字句是以说话人的立场和视角来感受的，是叙述一个被动的、不由自主的、随机发生的事件，其核心语义是"遭受"，其结果是负面的、不如意的、受损的。（吕文华，2013）因此，"被"字句主要用于带有遭遇性质和贬损意义的动作造成一定负面结果的情境中。

（四）重点与难点

"被"字句最重要的特点是动词和受事受限制。"被"字句的谓语和"把"字句一样要求动词带有处置性，光杆动词一般不能做"被"字句的谓语；"被"字句的受事需要具有有指性，应是有定的、特指的或已知的。（黄月圆等，2007）这两个特点学习者比较难掌握。因此，"被"字句的教学应着重引导学习者领会该句式中动词的处置性和受事的有定性特点。另外，"被"字句还要求动词后有补语，使用"被"字句的典型情境是某个动作行为造成负面结果，这些都是"被"字句教学的重点，同时也是教学难点。

（五）相关形式

"被"字句是有形式标记的被动句，而没有形式标记的被动句，我们一般称作"意义被动句"。这两类被动句都在初级阶段的语法教学中出现，学习者在学习"被"字句的时候可能会与意义被动句产生混淆。很多学者的研究都发现，这两类被动句的混用是学习者"被"字句偏误中占比最大的。"被"字句和意义被动句最明显的区别是："被"字句表达的是"遭受损害"的意义，有不愉快、不如意的感情色彩。例如：

（7）他的钱包被偷走了。

（8）我被骗了。

而大部分意义被动句是中性的。例如：

（9）水喝完了。

（10）衣服洗干净了。

从这一点可以看到，如果我们能在"被"字句的教学中抓住它的核心语法意义，也就是教会学生什么时候应该使用"被"字句，那学生在学习意义被动句时对什么时候应该使用意义被动句也就会有清晰的认识，不会混淆两者。

"被"字句和意义被动句的另一个差别是意义被动句大部分都是话题—说明句。如果受事在语境中作为一个话题，它就会出现在句首，这时候是不用"被""让"等形式标记的。例如：

（11）a. 经过大家的努力，任务按时完成了。

　　　b.* 经过大家的努力，任务被按时完成了。

例（11）a是合法的句子，但是（11）b在语法上是不能接受的。我们在教学中应该尽量凸显"被"字句的核心语法意义和意义被动句的典型情境，使学生对这两类被动句有较为清楚的认识。

二、教学步骤

（一）导入

"被"字句教学的关键在于凸显它的核心语法意义——描述不愉快、受损害的情况，因此教师在导入环节就要有意识地选取能够表现"被"字句核心语法意义的情境。例如，教师可以播放一段视频，视频

第二节 "被"字句

内容为：某处一开始有一辆自行车，过了一会儿自行车消失，地上有一把车锁。从这段视频中，学生可以清楚地看出对自行车所有者来说，这是一种财物受损的、不愉快的情况。看完视频以后，教师向学生提问"他的自行车怎么了？"，从而引出"被"字句的肯定形式，导入例（1）"他的自行车被小偷偷走了"。

（二）肯定形式的讲练：S + 被 + O + VP

（1）他的自行车被小偷偷走了。

1. 讲解

① 这件事是谁做的？"小偷"在"被"的前面还是后面？小偷偷了什么？"自行车"在"被"的前面还是后面？

② 他的自行车被小偷偷走了，他觉得愉快吗？（"被"字句在口语里用得最多的情况是表达说话人的不愉快、不高兴或不希望发生的事情。）

③ "偷"的后面有什么？（在这样的句子里，谓语部分除了动词以外一定要有其他成分，不能只是一个动词。）

④ 能不能说：他的自行车被人偷走了？√
　　　　　　　他的自行车被偷走了？√

2. 练习：改说句子

（2）他打破了那个杯子。（目标句：那个杯子被他打破了。）

（3）妹妹弄坏了我的手机。（目标句：我的手机被妹妹弄坏了。）

（4）风吹走了他的帽子。（目标句：他的帽子被风吹走了。）

（5）李俊把钱包忘在酒吧里了。（目标句：钱包被李俊忘在酒吧里了。）

（6）时方把宇根关在门外面了。（目标句：宇根被时方关在门外面了。）

（7）小偷把善玲的自行车偷走了。（目标句：善玲的自行车被小偷偷走了。）

（8）大卫的自行车被小偷偷走了吗？——

教师通过例（8）引入"被"字句的否定形式。

（三）否定形式的讲练：S＋没＋被＋O＋VP

（9）他的自行车没被小偷偷走。

1. 教师通过提问以下问题，加深学生对否定结构的了解
① "没"在哪儿？
② 可不可以说"他的自行车没被小偷偷"？
③ 可不可以说"他的自行车没被偷走"？

2. 练习：教师做动作，说疑问形式，学生说否定形式
（10）（出示CD）我的CD被山本拿走了吗？
（11）（出示同学的画儿）他的画儿被弄坏了吗？
（12）（出示杯子）我的水被他喝完了吗？

在否定句里，"没"在哪儿？如果要用"可能"，应该放在哪儿？在"被"的前面还是后面？教师通过以上提问，引出"被"字句中副词的位置。

（四）副词的位置：S＋Adv.＋被＋O＋VP

"没""可能"应放在"被"的前面。除了"没"和"可能"以外，还有一些词也要出现在"被"的前面，如"肯定""当然""也许""突然"等等。例如：

（13）他的自行车肯定被小偷偷走了。

（五）其他被动句格式

汉语里除了"被"可以表示被动的意思外，"让""叫""给"也可以。上例我们也可以说：

让：他的自行车让小偷偷走了。

叫：他的自行车叫小偷偷走了。

给：他的自行车给小偷偷走了。

1. 讲解

"被""给"的后面可以出现做这件事情的人，也可以不出现；"让""叫"的后面则必须出现。另外，与"被"相比，"给""让""叫"常用在口语里。

2. 练习：判断正误

（14）她的自行车让偷走了。（×）

（15）她的自行车让小偷偷走了。（√）

（16）她的自行车叫偷走了。（×）

（17）她的自行车叫小偷偷走了。（√）

（18）她的自行车给偷走了。（√）

（19）她的自行车被偷走了。（√）

（六）综合练习

1. 看图说句子（PPT展示图片，图略）

（20）花瓶让她打破了。

（21）电脑给他弄坏了。

（22）树叶让风吹掉了。

（23）鱼叫猫吃了。

2. 教师讲一个故事（利用PPT展示图片辅助学生理解），学生听完后复述其中的"被"字句

倒霉的一天

我买了面包做早饭，可是面包被我的同屋吃完了。我去上课，可是书包让我忘在出租车上了。昨天我做了很长时间的作业，今天要交给老师，但是作业叫我忘在宿舍了。

下午刮大风，我的自行车被风刮倒了。我去商场买东西，可是钱包被小偷偷走了。

（七）总结

　　"被"字句表示说话人觉得不愉快、不好、不希望发生的情况，否定形式中"没"要在"被"的前面，句中若有"可能""肯定""当然"等副词，也要放在"被"的前面。除了"被"以外，"让""叫""给"等也可以用于被动句。

三、典型偏误分析

1. "被"字句泛用类偏误

（1）*但是被朋友担心了。

正确句：但是朋友很担心。

说明：这个句子里的动词"担心"不具有处置性，因此不能用于"被"字句。

（2）*那篇文章被修改好了。

正确句：那篇文章修改好了。

说明："修改"没有"遭受损害"的意义，所以不能用"被"字句，应使用意义被动句。

2. 补语遗漏类偏误

（3）*弟弟的鞋被小狗叼了。

正确句：弟弟的鞋被小狗叼走了。

说明：这个句子里的动词是"叼"，动词本身没有隐含的结果义，因此动词后还需要有表示结果的补语说明动作的结果。

四、练习

（一）请用"被"字句将下列对话补充完整：

1. 妈妈：你的帽子在哪儿呢？
   孩子：_____。
2. A：咦，我的电脑怎么打不开了？
   B：_____。
3. 老师：你怎么没交作业？
   学生：_____。
4. A：我昨天给你打电话，你怎么没接？
   B：_____。

（二）请把下面的句子改写成"被"字句：

1. 有人把我们班的椅子搬走了。
2. 他把杯子忘在图书馆了。
3. 他骑走了我的自行车。
4. 妹妹弄坏了我的眼镜。

五、知识链接

近年来，学者们对"被"字句的研究更趋深入，把"被"字句的两项重要特点归纳为语言的一种共性：情状类型的有终结性区分于无终结性，终结性又与受事名词的有指性相关。Yang（1995）认为，"被"字句中的谓语部分要包含某种终结点，如果句中的动词本身没有结果意义，则谓语部分往往需要补足成分来提供终结性。这也是"被"字句中一般不能出现光杆动词的原因。受事的有指性是与终结性相依赖的特征，Hopper & Thompson（1980）认为，动词具有终结性和宾语完全受影响是高及物性的参数。对于一个高及物性的动词来说，如果句中的动词是有终结点的，那么其宾语受动词影响的程度相应地也可能非常高。（黄月圆等，2007）

六、思考题

1. 如果请你在"被"字句基本结构的基础上设计语篇中的"被"字句教学，你会如何设计？
2. 除了我们今天提到的练习形式以外，你还能想到哪些练习？请记录下来。

七、参考文献

黄月圆，杨素英，高立群，等.汉语作为第二语言"被"字句习得的考察[J].世界汉语教学，2007（2）.

刘月华，潘文娱，故韡.实用现代汉语语法（增订本）[M].北京：商务印书馆，2001.

吕文华."被"字句和意义被动句的教学构想[J].语言教学与研究，2013（2）.

周国光.试析汉语被动句的习得机制[J].世界汉语教学，1994（1）.

HOPPER P J, THOMPSON S A. Transitivity in Grammar and Discourse[J]. *Language*, 1980, 56（2）.

YANG S-Y. The Aspectual System of Chinese[D]. Unpublished Ph.D. dissertation, University of Victoria, 1995.

第三节　存在句

一、教学要点

（一）核心语法意义

存在句是存现句的一类，是现代汉语中的一种特殊句式，其核心语法意义表示某处存在着某物或某人。存在句的主语多为处所，宾语多为具体且无定的物或人，充当宾语的名词性成分前通常需要数量结构等定语成分的修饰。

（二）主要形式与典型例句

1. "有"字句：$N_{地方}$ + 有 + O

（1）桌子上有一本书。

2. "是"字句：$N_{地方}$ + 是 + O

（2）桌子上是汉语书。

3. "V着"句：$N_{地方}$ + V + 着 + O

（3）教室里坐着很多学生。

4. "V了"句：$N_{地方}$ + V + 了 + O

（4）房间里放了很多家具。

需要说明的是，"有"字句、"V着"句和"V了"句中的宾语一般是无定的，前面要有数量短语的修饰，"是"字句中的宾语一般是有定的。

本节的教学步骤展示只涉及语法教学初级阶段的"有"字句、"是"字句和"V着"句。

（三）典型情境

存在句的主要功能是描写，这也是其使用的典型情境。它可以用来描写客观环境，也可以用来描写人的穿着打扮，还可以用来描写人的姿态或物体的状态等。例如：

（5）房间很干净，窗边放着一张桌子，桌子上放了很多书。左边是一个小沙发，右边是一张单人床。

（6）她身上穿着一条大红裙子，头上戴着一顶黑色礼帽，手里拿着手包，是去赴宴的样子。

（四）重点与难点

1. "有"字句和"是"字句的区别

"有"字句表示存在，说明某地存在某物。"是"字句表示判断，使用"是"字句的前提是说话人已经知道某地存在某物，用"是"字句判断该物是什么。

（7）书店对面有一家银行。

（8）书店对面是中国银行。

"有"字句说明"书店对面"存在"一家银行"，"是"字句说明说话人在判断是什么银行，"书店对面有银行"是听话人已知的。

"有"字句的宾语一般是无定名词，"是"字句的宾语则一般是有定名词，如"一家银行"是无定的，"中国银行"是有定的。区别这两类句式的难点在于"是"字句的宾语有时也可以是无定的，这与"有"字句是一致的。例如：

（9）对面是一个咖啡厅。

（10）对面有一个咖啡厅。

"有"字句表示存在，说明对面存在一个咖啡厅，而且除了咖啡厅外，视野范围内可能还有其他存在物。而"是"字句隐含的语义是"全部"，即说明对面只有一个咖啡厅，没有其他存在物。

2. "有"字句和"V着"句的区别

"有"字句表示某地存在某物，"V着"句不仅表示某地存在某物，还指明了该物以什么状态存在。"V着"句可以通过选择不同的动词形象地表达存在物存在的不同状态，不同的存在状态则反映了存在物与处所间的搭配关系。

能用在"V着"句中的动词主要有两种：

① 表示人或物体运动变化的姿态/状态类动词，如站、坐、躺、蹲、趴、端、拿、抱等。

② 表示人对物体进行安放或处置的动作动词，主要有：穿戴类，如穿、戴、披、系等；摆放类，如摆、挂、放、插、盛等；写画类，如写、画、刻、涂等；栽种类，如栽、种、养等。

（五）相关形式

"V了"句也是存在句的一类，它可以和"V着"句互换。这两类句式的不同，是教学和研究的难点。对比：

（11）桌上摆着一盆花。

（12）桌上摆了一盆花。

对于这两类句式中"着"和"了"的互换现象，学者们从不同角度进行过解释，主要有以下几种说法：范方莲（1963）认为存在句中的"了"和动词后表示完成态的"了"没有同一性，体标记"了"出现了分化；于根元（1983）从言语表达灵活性的角度进行了解释，认为动作完成了就意味着状态形成了，说状态完成了意味着状态形成了，为了写法不重复，有时写"了"，有时写"着"；刘宁生（1985）认为二者可以互换是因为句中动词相同，这使"着"和"了"的差别在存在句中得到中和；戴耀晶（1997）从事件观察的角度给予了解释，"V了"句表达一个完整的动态现实事件，"V着"句则表达一个非完整的强静态的持续事件；潘海华（1997）认为带"了"和带"着"这两种句式的不同是因为它们成句的过程不同。

我们采用王葆华（2005）的研究结论来解释这两类句式的不同，他认为"V着"句反映的是说话人对事物或状态的综合静态的概要认知模式，"V了"句反映的是说话人对某一事物在一个空间位置中动作行为或状态存在的部分运动的顺序认知模式。从动词的内在时间结构来看，这两种句式中的动词存在着不同的时间特征，"V着"句表示"状态"，"V了"句表示"完结"。

二、教学步骤

（一）"有"字句的教学

1. 导入

我们可以用情景法导入，通过问答"桌子上有什么？"引出目标句"桌子上有一本书"，即例（1），然后继续询问"教室里呢？五道口呢？"，引导学生说出例（2）（3）。

（1）桌子上有一本书。
（2）教室里有很多学生。
（3）五道口有大学、商店和饭馆。

2. 讲练

导入第一个目标句之后，教师应该顺势引入"有"字句的结构，即"N$_{地方}$＋有＋O"，然后再围绕其他两个目标句进行提问。

这三个目标句展示完毕后，教师要向学生说明："有"字句表示什么地方有什么东西，宾语一般是无定的，前面一般要有数量短语的修饰，如"一本书、很多学生"等。

接下来，教师可以利用与例句（1）（2）所描述情况相反的对比图片引出"有"字句的否定式，即"N$_{地方}$＋没有＋O"，这样可以避免过多输入造成学生理解上的困难。例如：

（4）桌子上没有书。

（5）教室里没有学生。

下面是疑问式的讲解，教师可以先展示疑问式的两种结构形式：疑问词形式和肯否定形式。

教师依然展示上面所用的图片，请学生用疑问词"吗"提问。

N$_{地方}$＋有＋O＋吗？

（6）桌子上有书吗？

（7）教室里有学生吗？

引导学生用疑问词"吗"进行提问后，教师再请学生分别用肯定形式"有"和否定形式"没有"回答，引出肯否定疑问式"有没有"。

N$_{地方}$＋有没有＋O？

（8）桌子上有没有书？

（9）教室里有没有学生？

注意：展示完疑问式的两种结构形式后，教师一定要提示学生"吗"和"有没有"不能同现。

讲解完成后进入操练环节，教师可以让学生两人一组，根据教室里的实际情境进行操练，同时搭配方位词进行组合练习。例如：

（10）教室里有什么？

（11）墙上有什么？

（12）桌子上有什么？

（13）书包里有什么？

机械操练结束后，教师可以带领学生进行成段表达练习。为降低难度，教师可以先给出方位词。例如，展示一张桌子的图片，给出下列结构，让学生进行成段输出。

（14）桌子上有……，桌子下边有……，桌子旁边有……，书包里有……，椅子上有……。

注意：如果学生已经学习了"在"字句，那么我们在进行操练时可以适当加上"在"字句的练习，总结时再归纳一下"有"字句和"在"

字句的不同。

3. 总结

"有"字句表示存在，表示什么地方存在什么东西，其宾语一般是无定的，要有数量短语的修饰，如"桌子上有一本书"。"在"字句是表示什么东西在什么地方，说话人想要知道所问东西的位置，如"那本书在桌子上"。

4. 课堂活动

教师可以请学生互相描述一下自己的桌子或房间，说说自己的桌子上或房间里都有什么东西。

（二）"是"字句的教学

1. 导入

"是"字句一般由"有"字句引出，这符合由简到难的教学原则。教师可以问"桌子上有书吗？是什么书？"，引出目标句"桌子上是汉语书"，即例（15）；然后教师继续发问"杯子里有茶吗？是什么茶？""大卫和麦克中间是谁？"，引导学生说出下列目标句：

（15）桌子上是汉语书。

（16）杯子里是绿茶。

（17）大卫和麦克中间是玛丽。

2. 讲练

导入第一个目标句后，教师应顺势引出"是"字句的结构，即"N$_{地方}$ + 是 + O"，然后再展示另外两个目标句。

通过三个目标句的展示，教师要让学生领会"是"字句和"有"字句的不同："是"字句的前提是先存在，然后再判断是什么。

学生理解了"是"字句的语义后，教师再依据以上例句，引出"是"字句的否定式：N$_{地方}$ + 不是 + O。

（18）桌子上不是汉语书，是英语书。

（19）杯子里不是绿茶，是红茶。

接着，教师再展示"是"字句的疑问式。

N$_{地方}$＋是＋O＋吗？

（20）桌子上是汉语书吗？

（21）杯子里是绿茶吗？

N$_{地方}$＋是不是＋O？

（22）桌子上是不是汉语书？

（23）杯子里是不是绿茶？

肯定式、否定式和疑问式都展示完毕后，教师可以通过下面三种方式练习"是"字句：

① 出示一张学校周边的地图，询问学生学校周边的存在物。

（24）学校东边是……，西边是……，南边是……，北边是……。

② 展示一张中国地图，以中国为坐标，介绍中国周边的国家。

（25）中国的东边是……，西边是……，南边是……，北边是……。

③ 让学生根据班里的座位次序介绍同学的位置。

（26）我前边是……，后边是……，左边是……，右边是……。

3. 总结

"有"字句是说明某地有某物，"是"字句的前提是说话人已经知道某地有某物，用"是"字句确认"有"的到底是什么。

4. 课堂活动

学生了解了"是"字句和"有"字句的不同后，教师要进行包含这两种句式的综合练习。这个练习也可以加上学生已经学过的"在"字句，方便学生体会这三种句式在搭配使用上的不同。

任务：介绍你的教室

要求：教师给学生展示一张教室的图片，请学生介绍一下这间教室，包括教室里的东西、每个学生的座位排列等，并用上"有"字句、"是"字句和"在"字句。例如：

（27）教室里有……，墙上有……。讲台在……，空调在……。我在……，我前边是……，后边是……，左边是……，右边是……。

注意：教师要根据学生的汉语水平来确定给多少提示信息。

（三）"V着"句的教学

1. 导入

我们可以由表达简单描写存在的"有"字句导入表静态存在的"V着"句，让学生体会"V着"句对动作状态的形象描写。例如，教师通过连续提问"教室里有学生吗？坐着还是站着？"引出目标句"教室里坐着很多学生"，即例（28）。

2. 讲练

目标句引出之后，教师应顺势给出"V着"句的结构：$N_{地方}+V+着+O$。接下来，教师可以根据教室里现有物品的摆放情况进行典型例句的展示，直接将学生带入情境中。例如：

$N_{地方}+V+着+O$

（28）教室里坐着很多学生。

（29）桌子上放着一本书。

（30）门上挂着一个书包。

教师可以继续使用情景法直接用疑问形式进行提问，让学生用否定形式回答。

疑问形式：$N_{地方}+V+着+O+吗$？

$N_{地方}+V+没+V+着+O$？

（31）老师手里拿着笔吗？

（32）老师手里拿没拿着笔？

否定形式：$N_{地方}+没+V+着+O$。

（33）老师手里没拿着笔。

讲解完后教师要向学生说明为什么用"V着"句，它与"有"字句有何不同。"V着"句用来描写人或物的存在状态，不同的动词表达不同的存在状态，其描写性更强也更具体。

下面是操练环节，教师可以通过动作引导学生观察并描述教室内的真实情境。例如：

（34）教室前边放着一台电脑。
（35）墙上贴着一张世界地图。
（36）黑板上写着很多汉字。
（37）老师手里拿着一支笔。
（38）她上身穿着一件黑色毛衣，脖子上戴着一条白色项链。

教师还可以提供一些图片，引导学生用所学的新句式进行描述。因为"V着"句的基本语义有两种——静态的存在状态和正在持续的存在状态，教师在展示图片时也要分两类依次呈现。

① 静态存在：
（39）窗台上放着两盆花。
（40）床上躺着一个人。
（41）路边停着一辆车。
（42）她身上穿着一条红色裙子。

② 动态存在：
（43）水里游着很多鱼。
（44）天上飞着一只鸟。
（45）街上走着很多人。

3. 总结

这里要对学生学过的所有存在句形式进行总结：
① "有"字句的功能是说明，说明存在不存在。
② "是"字句的功能是判断，判断存在物是什么。
③ "V着"句的功能是描写，通过使用不同类型的动词反映人或物不同的存在状态。

4. 课堂活动

教师可以提供一张中国人结婚或过年时的房间内景图片，请学生描述一下中国人家里的布置情况，用上"挂、摆、铺、放、贴、装、写"等动词。

这样的活动设计不仅能让学生充分练习所学句式，更能把中式婚礼或中国人过年时的习俗文化潜移默化地融入教学中，让学生更加了解中国和中国文化。

三、典型偏误分析

1. 介词"在"的误加类偏误

（1）*在五道口有很多大学。

正确句：五道口有很多大学。

说明：这是母语为英语的学生经常出现的偏误类型。因为英语中的处所词前都要加介词，而汉语中处所词位于句首一般不加介词。受母语负迁移的影响，欧美国家的留学生易发生此类偏误。

2. 副词"在"的误加类偏误

（2）*天上在飞着一只鸟。

正确句：天上飞着一只鸟。

说明："在V"一般用来表示动作的进行，"V着"常用来表示静态的持续。有时"在V着"可以一起用，既强调动作的进行，又强调状态的持续，如"他们在看着我"。但当"在V着"侧重状态描述时，"在"一般不说。

3. 方位词遗漏类偏误

（3）*教室有很多学生。

正确句：教室里有很多学生。

说明：普通名词表处所时，后面不能缺少方位词，只有加上方位词才能表示地点。

4. "有"与"是"的误用类偏误

（4）*语言大学对面有地质大学。

正确句：语言大学对面是地质大学。

说明：这是因为学生没有掌握好这两种句式的功能及语用条件区别而产生的误用，"是"字句表示判断，判断存在物是什么。

四、练习

（一）改写句子。

1. 教室里有很多学生。
   _____。（在）

2. 语言大学对面是地质大学。
   _____。（在）

3. 桌子上有一本书。
   _____。（V着）

4. 教室的墙上挂了一张世界地图。
   _____。（V着）

（二）请用"有""是""着"填空。

我的房间里_____很多东西，中间_____一张床，左边_____一张桌子，右边_____书柜，书柜里放_____很多书。

桌子上放_____一台电脑和几本书，墙上贴_____一张中国地图，窗台上摆_____一盆花。

五、知识链接

"V着"句和"V了"句的互换现象一直是学界的研究热点,两种句式意义基本相同,其差异很多学者从不同角度进行了解释。

有些学者归因于体标记,如范方莲(1963)的体标记分化解释、刘宁生(1985)的体标记中和解释、戴耀晶(1997)的事件观察角度解释。有些学者则归因于动词,如顾阳(1997)的动词构词来源差异、潘海华(1997)的存在构式来源解释。

王葆华(2005)运用Talmy的事件观察模式和视点方向来解释。他认为二者的主要差异是人们以不同的视角对同一现实进行观察和认知的结果,"着""了"在句子中所表达的事件所处的时间定位(temporal locating)不同。"V着"句从现时观(present)表达说话人对某一事物在一个位置中状态存在的静态观察,它关注的是事件或状态的内部阶段。"V了"句是从回首观(retrospective)表达说话人对某一事物在一个空间位置中动作行为或状态存在的运动观察,人们观察事件的视点处于时轴中动作行为、状态存在的时段之后。

任鹰(2000)提到静态存在句中"V着"等于"V了"的关键就在于句中动词既有动态义,又有静态义;既能表示动作,又能表示动作完成后的状态。

曹爽(2013)通过对"V着""V了"静态存在句语境的考察,认为"V着"句和"V了"句是不同的句子:"V着"句侧重描述预设场景,"V了"句侧重描述变化场景。在动态的篇章中,"V着"句和"V了"句基本不能互换使用。

六、思考题

1. "水里正游着一条鱼。"这个句子为什么不对?
2. 请说说"桌子上放着一本书"和"桌子上放了一本书"有何不同。

3. 请你设计一个包含"有"字句、"是"字句和"V着"句的综合练习。

七、参考文献

曹爽."V着""V了"静态存在句的语境差异及体貌地位[J]. 中南大学学报（社会科学版），2013（4）.

戴耀晶. 现代汉语时体系统研究[M]. 杭州：浙江教育出版社，1997.

范方莲. 存在句[J]. 中国语文，1963（5）.

顾阳. 关于存现结构的理论探讨[J]. 现代外语，1997（3）.

刘宁生. 动词的语义范畴："动作"与"状态"[J]. 汉语学习，1985（1）.

刘月华，潘文娱，故韡. 实用现代汉语语法[M]. 北京：商务印书馆，1998.

潘海华. 词汇映射理论在汉语句法研究中的应用[J]. 现代外语，1997（4）.

潘文. 20世纪80年代以后存在句研究的新发展[J]. 语文研究，2002（3）.

任鹰. 静态存在句中"V了"等于"V着"现象解析[J]. 世界汉语教学，2000（1）.

宋玉柱. 存在句研究史上的一篇重要文献[J]. 汉语学习，2004（1）.

王葆华. 存在构式"着"、"了"互换现象的认知解释[J]. 外语研究，2005（2）.

杨素英，黄月圆，高立群，等. 汉语作为第二语言存现句习得研究[J]. 汉语学习，2007（1）.

于根元. 关于动词后附"着"的使用[G] //中国语文杂志社. 语法研究和探索（第1辑）. 北京：北京大学出版社，1983.

第四节　主谓谓语句

一、教学要点

（一）核心语法意义

主谓谓语句是现代汉语中特有的一种句子，它是由主谓短语充当谓语的句子，主要用于从某个侧面描写某物的特点。

一般来说，主谓谓语句全句的主语称为大主语，用S_1表示；全句的谓语称为大谓语，用P_1表示；做谓语的主谓短语的主语称为小主语，用S_2表示；主谓短语的谓语称为小谓语，用P_2表示。主谓谓语句的基本结构可记作S_1+P_1（S_2+P_2），作谓语的主谓短语主要用来描写和说明主语。

（二）主要形式与典型例句

1. S_1+P_1（S_2+P_2）

（1）她个子很高。

（2）北京人很多。

2. S_1+P_1（S_2+不/没$+P_2$）

（3）我作业没写完呢。

（4）我一口饭都不想吃。

（三）典型情境

初级汉语教学阶段主谓谓语句出现的典型情境有三个：一是描写人

物特征，二是描写一件物品的特征，三是描写一个地方的特征。

以描写人物特征为例，最典型的情境是寻人。例如，寻人时我们通常会说：

（5）她眼睛大大的。

（6）她头发不太长，到耳朵这儿。

（7）她个子比较高，身材有点儿瘦。

描写一件物品的特征，将物品作为一个整体性话题，物品各个方面的个性特征作为小主语。例如：

（8）这辆车颜色很漂亮，款式很新颖，性能良好。

描写一个地方的特征，将这个地方作为整体性话题，选取其不同方面的特点作为描述对象。例如：

（9）北京四季分明，名胜众多，大学林立，是中国最大的城市之一。

（四）重点与难点

1. 主谓谓语句用于成段表达

在话语交际中，主谓谓语句最主要的功能是用于成段表达，从某人或某物的各个方面来描写人或物的特征。例如，描写北京的一年四季，如果采用单句形式是：

（10）*北京春天很暖和，可是常常刮大风。北京夏天非常热。北京秋天天气最好。北京冬天比较冷，可是不常下雪。

上述四个主谓谓语句构成的这段话中，多次出现"北京"字样，不符合语言的经济性原则。主谓谓语句用于成段表达时，通常使用一个"北京"作为大主语，其他四个主谓结构一起作为这个大主语的评论成分，构成的语段应如下：

（11）北京春天很暖和，可是常常刮大风；夏天非常热；秋天天气最好；冬天比较冷，可是不常下雪。

成段表达是主谓谓语句在语篇和话语表达中的主要功能。

2. 大主语与小主语的关系

主谓谓语句中大主语和小主语之间的语义关系也是一个需要讲解清楚的重要问题。根据大主语与小主语之间的不同语义关系，常见的主谓谓语句可分为五类。

第一类：大小主语之间具有领属关系。例如：

（12）她眼睛很大，鼻子小巧。

（13）我们班一半是女生。

在例（12）中，大主语"她"和小主语"眼睛""鼻子"之间具有领属关系；在例（13）中，"我们班"和"一半（人）"之间具有领属关系。

第二类：大主语是小谓语的受事或工具等。例如：

（14）一口饭他都不吃。

（15）钢笔你借我用一下。

在例（14）中，大主语"一口饭"是小谓语"吃"的受事；在例（15）中，大主语"钢笔"是小谓语"用"的工具。

第三类：大主语作为整个句子的施事。例如：

（16）她什么都不要。

（17）玛丽哪儿都不想去。

在例（16）和例（17）中，大主语"她"和"玛丽"都是统摄整个句子的施事主语。

第四类：关涉类主谓谓语句，大主语前常常隐含一个介词"关于""对于"或"对"，大主语是整个句子所讨论的话题式对象。例如：

（18）这件事我真的没办法。

（19）这篇文章我毫无印象。

在例（18）中，"这件事"前可以加上介词"对于"，变为：

（18′）对于这件事，我真的没办法。

在例（19）中，"这篇文章"前可以加上介词"对"，变为：

（19′）对这篇文章，我毫无印象。

第五类：谓语中有大主语的复指成分。例如：

（20）他俩谁也看不起谁。

在例（20）中，"谁"是"他俩"的复指成分。

需要指出的是，在汉语教学的初级阶段，学生只要掌握前三类主谓谓语句即可。

（五）相关形式

主谓谓语句和主谓句结构相近，有时候语义也相近，但用法却有所不同。这是汉语学习者学习主谓谓语句的难点和重点所在。

（21）她头发很长。

（22）她的头发很长。

例（21）和例（22）仅一字之差，意思也差不多，学习者极容易混淆。从结构上看，在例（21）中，大主语"她"和小主语"头发"之间是领属关系。在单句表达时，我们可以在大主语和小主语之间加上结构助词"的"，变为主谓句例（22）。但是，从功能和语用上看，主谓谓语句例（21）和主谓句例（22）所关注的角度和表达的内容是不一样的。一般来说，主谓谓语句中的大主语是统领全句的话题，是交谈双方已知的信息，用来引出交谈双方未知的新信息，也就是传达交谈的重点，因此主谓谓语句是根据谈话者的交际需求，自行选择主题，传达不同谈话重点而做出选择的句式。以例（21）为例，"她头发很长"，话题和已知信息是"她"，后面的表达可能是关于"她"的任何信息，如"眼睛大大的""个子高高的""身材瘦瘦的"等等。而例（22）"她的头发很长"，话题和已知信息是"她的头发"，其后所表述的信息是关于"她的头发"的，或者转而表述其他话题，如"她的头发很长，不过最近她想剪个短发"。如果在语段中考察上述两个例句，二者的差异就更为明显了。当说话人的问题是"她长什么样"时，我们的回答应该是"她头发很长"；如果问题是"她的头发怎么样"时，我们的回答只能是"她的头发很长"。

二、教学步骤

（一）导入

主谓谓语句的教学可以从描述人物特征这一典型情境入手。教师可以为学生创设一个母亲寻子的情境，由此引入主谓谓语句的教学。例如：年幼的孩子在游乐场走失，焦急的妈妈去游乐场广播站寻求帮助。工作人员问："你的孩子长什么样？"如果你是妈妈，你会怎样描述呢？

（二）讲练

主谓谓语句的主要功能有三个：描写人物特征，描写一件物品的特征和描写一个地方的特征。我们可以分别进行讲练。

1. 描写人物特征

教师先在黑板上画/贴一张人物图，然后引导学生从外貌和内在两个方面描写人物的特征。

外貌方面，可以描写一个人的身高、身材、头发、眼睛等特征；

内在方面，可以描写一个人的性格、爱好等特点。

教师在示范环节可以找一个比较有影响力的名人作为例子进行描写，如比尔·盖茨。教师首先提问"比尔·盖茨长什么样？"，请学生描述比尔·盖茨的外貌。例如：

（1）比尔·盖茨个子不高。

（2）比尔·盖茨眼睛很大。

（3）比尔·盖茨头发很短。

然后，教师引导学生用语段来描写比尔·盖茨的外貌。例如：

（4）比尔·盖茨个子不高，眼睛很大，头发很短。

接下来，教师再引导学生从性格、爱好等方面描写比尔·盖茨的内在特征。例如：

（5）比尔·盖茨性格温和。

（6）比尔·盖茨爱好广泛。

（7）比尔·盖茨头脑聪明。

最后，教师引导学生从外貌特征到内在特征进行成段表达。例如：

（8）比尔·盖茨个子不高，眼睛很大，头发很短。他头脑聪明，性格温和，爱好广泛。

在日常交际中，当我们描述完某个事物的特征后，通常最后会有一段总结性的话语。例如：

（8′）比尔·盖茨个子不高，眼睛很大，头发很短。他头脑聪明，性格温和，爱好广泛。总之，他是很多年轻人学习的榜样。

从这一教学流程我们可以看出主谓谓语句的主要功能是以成段表达的形式来描述某个事物的特征，它常常以前文出现过的信息为言谈起点，并从这个起点出发，将表达继续推进下去。这使得话题之间可以环环相扣，不会突兀地转变。因此，主谓谓语句具有衔接上下文的功能，能够使话语更加连贯流畅。

在将主谓谓语句的这一功能讲解清楚后，我们就可以让学生分组用主谓谓语句描述班里的一位学生。小组活动结束后，每小组选派一名代表到讲台前进行描述，其他学生猜猜他说的是谁。

2. 描写一件物品的特征

以描写衣服特征为例，教师可以引导学生从颜色、款式、大小、质量、价格等方面进行描述，最后总结出自己对这件衣服是否满意，是否决定要买。例如：

（9）这件衣服颜色很漂亮，款式很新颖，大小我穿正合适，质量很好，价格又不贵。我决定买下这件衣服了。

在将主谓谓语句的这一功能讲解清楚后，教师可以设定一个去商店买东西（如手机、衣服、鞋子等）的情境，要求学生分组，并用主谓谓语句说出为什么要买或者不买售货员推荐的商品。

3. 描写一个地方的特征

教师可以引导学生思考如何介绍他们在一个地方的生活，学生可以从天气、交通、购物、生活、饮食等方面进行描写。例如：

（10）北京春天很漂亮，夏天很热，秋天很凉爽，冬天有点儿冷。北京空气时好时坏。北京交通很方便，购物和吃饭都有很多选择。我喜欢在北京的生活。

在将主谓谓语句的这一功能讲解清楚后，教师可以要求学生分组，并用主谓谓语句描述自己家乡的特点。

（三）总结

综上，主谓谓语句的教学要点包括：结构方面，注意主谓谓语句与主谓句的差别；语义方面，注意话题（大主语）与小主语之间的关系；语用方面，突出主谓谓语句利用主谓谓语结构进行成段表达的语篇功能。

（四）课堂活动

任务：你心目中的……

要求：这是一个调查活动，学生两人一组，调查彼此心目中最喜欢的电影演员/城市/物品。双方尽量使用主谓谓语句从人物/城市/物品的多个方面进行提问和描述。在汇报环节，学生要进行成段表达。

三、典型偏误分析

1. 冗余重复类偏误

（1）*她眼睛很大，她头发很黑，她个子很高，她身材很苗条，她很漂亮。

正确句：她眼睛很大，头发很黑，个子很高。我觉得她很漂亮。

说明：初学者在描述某一话题时，往往每个单句都用完整的主谓谓语句来表达，这样易导致主语冗余，表述不畅。这类偏误集中体现在领属类主谓谓语句中。

2. 句式杂糅类偏误

（2）*小明是身体不好。

正确句：小明身体不好。

说明：由于母语负迁移，学生往往会在主谓谓语句中加"是"或者"有"，造成句式杂糅。

3. 回避策略造成的偏误

（3）A：我来中国两年了，我去过北京和上海，你呢？
　　　B：*我去过北京，我没去过上海。

正确句：北京我去过，但上海没去过。

说明：B的回答从语法和语义上看都没有问题，但从语段和语用的角度看，不够连贯。事实上，B对主谓谓语句的使用采取了回避策略，但这种回避与汉语的思维方式是相悖的。

四、练习

1. 请向朋友介绍一位你喜欢的名人，用主谓谓语句描述一下她/他的外貌和内在特征。
2. 你的中国朋友想去你所在的城市过暑假，请你从天气、吃、住、行等方面介绍一下你所在城市的特点。

五、知识链接

　　按照传统的单句线性结构形式的标准划分出来的"主谓谓语句"，在实际语用中只占各种主谓谓语结构形式的2.1%。主谓谓语结构一般出现在由若干个主谓结构或与主谓结构具有相当功能的若干成分所组成的语段之中。对于一个大主语（陈述对象）来说，其谓语（述语）一般是成串出现且层层相关的，它们在意义上构成了一个自然的、不可分割的整体，在描写性或说明性语段中尤其如此。

　　主谓谓语结构构成的语段，其各个主谓结构一般都是从不同的侧面对大主语进行说明或描述，其基本的语义模式如下（引自张旺熹，1993）：

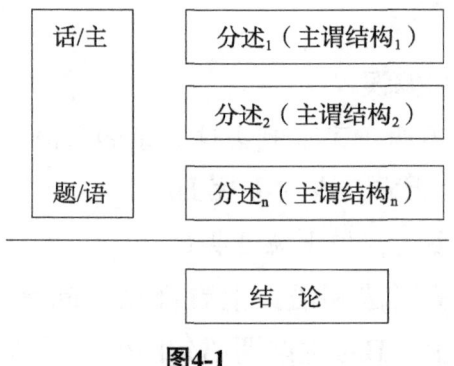

```
话/主  ┌─ 分述₁（主谓结构₁）
       ├─ 分述₂（主谓结构₂）
题/语  └─ 分述ₙ（主谓结构ₙ）

           结　论
```

图4-1

　　因此在日常教学中，教师应该有意识地强调主谓谓语结构语义模式的整体性。在练习中，教师要给出话题，让学生从不同的侧面对话题进行表述，最后还要引导学生进行总结。

六、思考题

1. 如何向学生介绍主谓谓语句和主谓句的差别？
2. 请设计一个用主谓谓语句构成的语段进行练习的活动。

七、参考文献

董秀芳. 整体与部分关系在汉语词汇系统中的表现及在汉语句法中的突显性[J]. 世界汉语教学，2009（4）.

陆俭明.有关被动句的几个问题[J].汉语学报，2004（2）.
孙德金.对外汉语语法教学中的形式与意义[J].语言教学与研究，2007（5）.
袁毓林.话题化及相关的语法过程[J].中国语文，1996（4）.
张旺熹.主谓谓语结构的语义模式[J].世界汉语教学，1993（3）.

第五节　连动句

一、教学要点

（一）核心语法意义

连动句作为现代汉语中的特殊句式之一，它的构造比较复杂，由两个或两个以上的动词结构连用构成谓语，且多个动词结构共用一个主语，中间没有关联词语，也没有语音停顿。连动句通常用于表达两个相连的动作，如"你吃完饭过来一下"。

（二）主要形式与典型例句

1. 肯定形式：$S + VP_1 + VP_2$

（1）我坐飞机去上海。

（2）我去上海出差。

2. 否定形式：$S + 不/没 + VP_1 + VP_2$

（3）我不坐飞机去上海。

（4）我没去上海出差。

（三）典型情境

根据动词之间的语义关系，我们可以将连动句分为不同类型，其中有两类在初级汉语教学中比较常见。

第一类：VP_1是VP_2的方式或工具。例如：

44

（5）我坐飞机去上海。

（6）我用筷子吃饭。

第二类：VP₂是VP₁的目的，且V₁多为"来""去"，常见形式为"S +来/去（+ N_地方）+ VP₂"。例如：

（7）我去上海旅游。

（四）重点与难点

在教学中我们需要提醒学生注意的是，连动句的动词前后次序是固定的，不能颠倒，否则就会出现逻辑关系矛盾或句义改变的问题。例如"我坐高铁去上海"，这里"坐高铁"是"去上海"的方式。如果我们颠倒过来说"我去上海坐高铁"，这时"坐高铁"就成了"去上海"的目的。两个句子意思完全不一样了。这也是初级汉语水平的留学生在输出连动句时容易出现的偏误。我们要引导学生牢固掌握连动句的句法结构和功能，通过操练使学生弄清楚连动句中两个动词结构之间的关系、顺序，以及否定副词和助词"了"的正确位置。在结构操练完成后，我们还要通过设计和实施综合性的课堂活动使学生在使用中掌握该语法点。

（五）相关形式

连动句与兼语句、紧缩句都包含两个或两个以上的动词，因此易为学习者所混淆。三者之间的差异主要表现在：

1. 连动句与兼语句

在连动句中，连用的动词或动词性短语同用一个主语，而且动词性短语之间在语义上有先后关系。VP₁说明VP₂的动作方式、工具等。而兼语句的第二个动词的主语是第一个动词的宾语，且第一个动词与第二个动词在语义上除了有目的、因果关系外，没有其他关系。例如：

（8）你找个人问问。（连动句）

（9）你找个人看看。（兼语句）

2. 连动句与紧缩句

连动句是单句，前后两部分共同陈述一个主语。一般来说，连动句的话题就是它的主语。紧缩句是以单句的形式表达复句的内容，是复句向单句的过渡形式，前后两部分可以陈述一个主语，也可以陈述不同主语，话题比较复杂。例如：

（10）你不去我去。（紧缩句）
（11）我去商店买菜。（连动句）

二、教学步骤

（一）导入

教师可以借助图片或情景以提问的方式导入连动句。

例如，学习表示方式的连动句时，教师可以采用图片导入法。教师先给学生提供两张图片，一张是一个人坐飞机，另一张是目的地上海；然后教师提问"他要去哪儿？"，学生据图片信息回答"他要去上海"；接着教师再问"他怎么去上海？"，引导学生说出目标句"他坐飞机去上海"，即例（1）。

再如，学习表示目的的连动句时，教师可以通过与学生聊周末的活动自然导入。教师问一个学生"周末你要去哪儿？"，学生会回答出一个地方，如"周末我要去商店"；教师接着问"你去商店做什么？"，学生回答"买东西"；这时教师可以重复完整的句子，引出连动句的肯定形式，即"他去商店买东西"，同时进行板书强调。

注意：在导入环节，学生所说的句子难免会出现回答不完整或语序错误的情况，教师可以通过纠错加深学生对这一句式正确结构的印象，降低他们在后续操练中重复犯错的可能性。

（二）讲练

1. VP₁是VP₂的方式：S + VP₁ + VP₂

（1）他坐飞机去上海。

通过上述导入，教师引导学生说出了例（1）。接下来，教师可以请学生就去上海的方式自由表达。例如，教师可以问学生：

（2）他想坐飞机去上海，你呢？

教师还可以利用图片或情景帮助学生练习表示方式的连动句。例如，教师提供图片，图片信息为骑自行车、坐出租车、走路、开车、坐公共汽车等，师生或生生看图片进行相互问答。例如：

（3）他/她每天怎么去上班？

接下来，教师还可以顺势询问学生每天来学校的方式。例如：

（4）你们每天怎么来学校？

2. V₂是V₁的目的：S + 来/去（+ N地方）+ VP₂

（5）他去商店买东西。

在导入环节，教师通过与学生聊周末的活动，引出了例（5）。这样的导入亲切自然，与学生的互动性强，学生理解起来也比较容易。接下来，教师可以利用图片或情景帮助学生练习表示目的的连动句。例如，展示包含书店、超市、饭馆、图书馆、篮球场等信息的图片，教师可以问学生：

（6）周末他去……做什么？

教师还可以接着问学生自己的真实生活情况。例如：

（7）周末你想去哪儿？你想怎么去那儿？你想去那儿做什么？

教师平时要对学生的情况有所了解，这样选择的例句会更贴近学生生活，也会更便于学生理解。例如，教师知道班里有位缺勤的学生去上海出差了，就可以问其他学生"×××去哪儿了？""他去上海做什么？"，最后引导学生说出：

（8）他去上海出差。

接下来，教师还可以趁机询问学生真实的想法。例如：

（9）你们想去上海吗？想去上海做什么？

（三）总结

  连动句中的两个或两个以上的动词结构间没有语音停顿，也没有关联词语。VP_1和VP_2的顺序是不可以颠倒的，因为顺序不同意思也不同。例如："他坐飞机去上海"，"坐飞机"表示的是方式；而"他去上海坐飞机"，"坐飞机"表示的是目的。两句话的意思完全不同。

（四）课堂活动

  任务：周末计划

  要求：请学生在规定时间内尽可能多地调查本班同学这个周末的计划，包括这个周末想去哪儿、怎么去那儿、去那儿做什么，并填写周末计划统计表。完成调查后，学生需要对调查对象的情况进行分类，并用连动句清楚地向全班同学汇报。

  这是一个利用信息差进行互动的活动，学生在这一活动中均有调查员和被访者双重身份。作为调查员，学生需要多次使用连动句的疑问形式来进行提问，以获取信息；作为被访者，学生需要正确使用连动句的肯定或否定形式来回答，提供给对方信息。

  注意：在学生的表达过程中，教师要格外注意学生出现的各种典型性偏误，并及时给予反馈和纠正。

三、典型偏误分析

1. 动词语序类偏误

（1）*她睡觉躺在床上。

正确句：她躺在床上睡觉。

（2）*我妹妹想去旅游在海边。

正确句：我妹妹想去海边旅游。

说明：学生常常会受母语负迁移等因素的影响将连动句中两个动词结构的顺序弄颠倒。当两个动词结构分别表示"到达或处于某场所"以及"做某事"时，表场所的结构应该在前，表行为的结构应该在后。

2. 动词遗漏类偏误

（3）*他和妈妈公园散步。

正确句：他和妈妈去公园散步。

说明：学生常常会出现遗漏一个动词的情况，应按照时间顺序依次表达连续的两个动作。

3. 否定副词和动态助词"了"的语序类偏误

（4）*我去南京路不买东西。

正确句：我不去南京路买东西。

（5）*昨天她去了银行取钱。

正确句：昨天她去银行取钱了。

说明：在连动句的否定表达中，否定副词"不/没"容易被学生放错位置，它们应该放在第一个动词前面。动态助词"了"也容易被学生放错位置。如果要强调动作已经完成，一般是在句尾用动态助词"了"，或者把动态助词"了"放在第二个谓语动词后面。

四、练习

（一）请用连动句将下列句子补充完整：

1. A：她每天怎么去上班？
   B：_____。（开车）
2. A：他要去哪儿出差？
   B：_____。（上海）

3. A：放假她想怎么去西安？
　　B：_____。（火车）
4. A：她去西安做什么？
　　B：_____。（旅行）

（二）根据实际情况回答问题。

1. 你怎么来中国的？你来中国做什么？
2. 你最想去中国的哪个城市？你想怎么去那儿？你想去那儿做什么？
3. 放假你打算去哪儿？做什么？怎么去？
4. 你每天怎么来学校？你爸爸妈妈怎么去上班？

五、知识链接

　　汉语中的连动句是最符合时间顺序原则（the principle of temporal sequence）的一种句式。时间顺序原则可以表述为：两个句法单位的相对次序决定了它们所表示的概念领域里的状态的时间顺序。这条原则可以用汉语词序中的一些现象独立论证。当两个谓词短语表示连续的行为动作时，它们之间的次序依据概念领域里的时间顺序。（戴浩一，1988）时间顺序原则在世界上很多语言中都有体现，因而对于该认知原则的解释将有助于提高汉语连动句的教学效果。

　　有关不同类型连动句的习得难度，韩冰（2016）有所研究。她通过对华南师范大学国际文化学院语言班中来自日本、泰国、西班牙、美国等国家或地区的学生进行调查发现，初级阶段留学生对连动句的掌握情况由高到低依次为：目的＞方式＞状态＞先后顺序＞条件＞程度＞原因＞方面。中级阶段和高级阶段留学生对连动句的掌握情况各有不同。因此，连动句对于不同阶段的留学生而言都是学习的重点与难点。

六、思考题

1. 对于学生的偏误句"昨天她买一件衣服了去商店",你应如何给学生纠正和解释呢?
2. 请结合学生实际生活就表示方式和目的的连动句设计一个交际活动。

七、参考文献

戴浩一. 时间顺序和汉语的语序[J]. 黄河,译. 国外语言学,1988(1).

韩冰. 对外汉语教学中连动句使用的调查与教材建议[J]. 宁夏师范学院学报,2016(2).

胡涛,陈淑梅. 20世纪80年代以来汉语连动句研究综述[J]. 现代语文,2006(8).

刘海燕. 连动句时序特征的形式语义分析[J]. 重庆理工大学学报(社会科学),2013(1).

宋卫华. 汉语连动句及其相关语法研究[J]. 青海师范大学学报(哲学社会科学版),2002(4).

赵梅. 现代汉语连动句和紧缩句的比较研究[D]. 南昌:江西师范大学硕士学位论文,2008.

第六节 "比"字句（1）：肯定式

一、教学要点

（一）核心语法意义

"比"字句是汉语比较句的一类，比较句又可分为等比句和差比句。例如：

（1）她跟妈妈一样聪明。

（2）她比妈妈还聪明。

在例（1）中，"她"和"妈妈"的聪明程度是相等的，因此例（1）被称作"等比句"；而在例（2）中，"她"和"妈妈"的聪明程度是存在差异的，这类表示性质或程度差异的句子被称作"差比句"。"比"字句是差比句的典型形式，在句中有一个明显的标记"比"。作为差比句的"比"字句，它的基本功能是表示两个事物在某一属性或程度上所具有的差异。

（二）主要形式与典型例句

1. A比B＋X

（3）这本书比那本书有趣。

这是典型的"比"字句，其中A、B是比较项，X是结论项，"比"是"比"字句的比较标记。

2. A比B＋X＋数量补语/程度补语

（4）这本书比那本书有趣多了。

这是含差异量的"比"字句,除了包含两个比较项对比后得出的差异,还将差异量也表达了出来。

3. A比B + 更/还 + X

(5) 这本书比那本书更/还有趣。

这是"比"字句的特殊形式,有特定的使用条件。

(三)典型情境

"比"字句作为典型的差比句,其典型情境是能够体现差异数量的事物或事件。对于初级阶段的汉语学习者来说,受其语言水平所限,教师可以选择人物、家庭、天气等相关话题进行比较。具体来说,教师可以引导学生比较人物的年龄、身高等特征,比较家庭成员之间的差异特征,比较不同地区天气、温度等气候差异。

(四)重点与难点

1."比"字句中程度副词的位置

汉语中有一些程度副词,如"很""非常""最""十分""特别"等,通常位于形容词之前,但是不能放在"比"字句中的比较结果之前,如不可以说:

(6)*姐姐比我很高。

(7)*她爱人的收入比她非常多。

(8)*夏天的时候,北京比杭州特别热。

2."比"字句特殊形式之间的差别

"A比B + 更 + X"和"A比B + 还 + X"在语义和语用上存在细微差别,"还"重读和轻读也存在细微差别。具体见下。

(五)相关形式

在"比"字句的教学中,我们经常要对比的是"A比B + 更 + X"和

"A比B＋还＋X"这两种形式。这两种形式有时表达相同的意义：B程度很高，A更高。例如：

（9）刘翔跑得很快，博尔特跑得比刘翔更快。

（10）刘翔跑得很快，博尔特跑得比刘翔还快。

两者的差异在于，"A比B＋还＋X"除了可以表达上述实际的比较意义，还可以表达比拟或夸张的虚比意义，而"A比B＋更＋X"不能表达这种虚比意义。

"A比B＋还＋X"是表达实比还是虚比，取决于"还"字重读还是轻读。例如：

（11）博尔特跑得比刘翔′还快。①

（12）博尔特跑得比闪电•还快。②

在例（11）中，人们都知道刘翔是跨栏界的飞人，博尔特是短跑界的飞人，两人比较，博尔特更快，此处的"还"重读，读作"博尔特跑得比刘翔′还快"，是一种实比。例（12）将博尔特跟闪电做比较，显然，一般人不知道闪电到底有多快，而只是将闪电作为快的标准，这里说博尔特跑得比闪电还快，是强调博尔特跑得非常非常快，并不是说博尔特跑得真的能超越闪电。这是一种虚比，此处"还"读作轻声。类似的还有下面几个例子：

（13）我弟弟简直比爱因斯坦还聪明。

（14）你快点儿走，走得比乌龟还慢。

（15）北京八月时太热了，比蒸笼还热。

在例（13）中，说话人将爱因斯坦当作聪明人的标准，把弟弟跟爱因斯坦做比较，显然不是说弟弟真的比爱因斯坦聪明，而是强调弟弟的聪明伶俐，凸显自己的骄傲之情。例（14）和例（15）则更加明显。例（14）将乌龟作为行动缓慢的象征，将人与乌龟的速度做类比，以达到催促听话人快点儿走的目的。在例（15）中，说话人将蒸笼作为特别热的标准，将北京的天气与蒸笼做比较，凸显北京八月时的炎热。

---

① "′还"表示"还"字重读，"′"是重读的标志。
② "•还"表示"还"字轻读，"•"是轻读的标志。

二、教学步骤

（一）导入

在初级阶段的汉语教学中，我们一般从人物特征入手引入"比"字句的基本形式。例如，教师可以给出两个人的照片，并且说明其中一个是姐姐，一个是妹妹，然后提问："姐姐高还是妹妹高？"学生回答"姐姐高"后，教师就可以顺势引出目标句"姐姐比妹妹高"，即例（1）。

（二）讲练

1. 典型"比"字句（A比B + X）

在引出目标句后，教师给出典型"比"字句的结构：A比B + X。

（1）姐姐比妹妹高。

教师再通过展示图片（图略），集中进行操练。例如：

（2）今天暖和还是昨天暖和？（目标句：今天比昨天暖和。）

（3）苹果贵还是香蕉贵？（目标句：苹果比香蕉贵。）

（4）山本的书多还是彼得的书多？（目标句：山本的书比彼得的多。）

在确定学生掌握了"比"字句的典型结构后，教师可以通过如下问答过渡到下一结构的讲练。

教师：山本的书比彼得的多。山本有五本，彼得有三本。山本的书比彼得的多几本？

学生：山本的书比彼得的多两本。

2. 含差异量的"比"字句（A比B + X + 数量补语/程度补语）

在引出目标句后，教师给出含差异量的"比"字句的第一种结构：A比B + X + 数量补语。

（5）山本的书比彼得的多两本。

教师再通过提问引导学生进行操练。例如：

（6）姐姐24岁，妹妹20岁，姐姐比妹妹——（目标句：姐姐比妹妹大四岁。）

（7）哥哥1米8，弟弟1米78，哥哥比弟弟——（目标句：哥哥比弟弟高两厘米。）

（8）苹果六块钱一斤，香蕉五块钱一斤，苹果比香蕉——（目标句：苹果比香蕉贵一块钱。）

在确定学生掌握了"A比B＋X＋数量补语"这一结构后，教师可以通过如下问答过渡到"A比B＋X＋程度补语"结构的讲练。

教师：草莓12块钱一斤，香蕉五块钱一斤，我们可以说"草莓比香蕉贵七块钱"。七块钱多不多？

学生：很多。

教师：（引出目标句）这时我们可以说"草莓比香蕉贵多了"。
苹果比香蕉贵一块钱，贵得多不多？

学生：不多。

教师：（引出目标句）这时我们可以说"苹果比香蕉贵一点儿"。

在引出目标句后，教师给出含差异量的"比"字句的第二种结构：A比B＋X＋程度补语。

（9）草莓比香蕉贵多了。

（10）苹果比香蕉贵一点儿。

教师要具体说明该结构中"程度补语"的构成，可以是"一点儿""一些""多了""得多"，然后使用图片、数字等方式进行操练。例如：

（11）姐姐个子比我高一点儿。

（12）她爱人的收入比她多一些。

（13）夏天的时候，北京比杭州热多了。

（14）上个月的气温比这个月高得多。

3. "比"字句的特殊形式（A比B＋更/还＋X）

"A比B＋更/还＋X"结构在具体运用中对语境有较高的要求，教师

第六节 "比"字句（1）：肯定式

可以通过图片进行引导，如展示一张姚明、乔丹、成龙三人的合影，进行如下问答：

教师：成龙高吗？

学生：不高。

教师：乔丹比成龙——

学生：乔丹比成龙高多了。

教师：乔丹很高对吗？那姚明呢？

学生：姚明更高。

教师：对！我们可以说"姚明比乔丹更高"，也可以说"姚明比乔丹还高"。

（15）姚明比乔丹更高。

（16）姚明比乔丹还高。

教师在引出例（15）（16）的基础上，进一步总结"比"字句特殊形式的结构：

A比B+更/还+X

需要注意的是，教师应向学生强调该结构的使用条件：B程度很高，A更高，则可以使用该结构；如果B程度一般，则不可以使用该结构。例如不可以说：

（17）*姚明比成龙更高。

教师再通过PPT、图片以及实物的展示，带领学生进行新句型的操练。例如：

（18）昨天很热，今天比昨天更/还热。

（19）那本书很厚，这本书比那本书更/还厚。

（20）动车很快，高铁比动车更/还快。

需要注意的是，在《汉语水平等级标准与语法等级大纲》[①]中，"A比B+还+X"结构属于丁级水平，因此这个结构是教学的一个难点，对于初级阶段汉语学习者来说，需酌情安排。

---

① 国家对外汉语教学领导小组办公室汉语水平考试部. 汉语水平等级标准与语法等级大纲[S]. 北京：高等教育出版社，1996.

还需说明的是，在实际教学中，上述"比"字句结构并不是一起教授给学生的，而是循序渐进地讲授的。在初级阶段，上述"比"字句结构的教学顺序一般如下：

A 比 B + X→A 比 B + X + 数量补语→A 比 B + X + 程度补语→A 比 B + 更/还 + X

（三）总结

"比"字句肯定式在结构语序上需注意的要点有：比较在先，结果在后；属性在先，度量在后；用来描写程度的"很"类程度副词不可进入该句式。

（四）课堂活动

任务：抢答游戏

要求：在练习环节，教师可以将学生分为两组进行快速抢答游戏。教师限定比较点，两组学生就比较点互相比较。例如，教师设定年龄、身高、认识的汉字数、中国朋友的数量、学习汉语的时间等为比较点，每组学生先介绍各自的信息，然后教师说开始，大家抢答，最先正确作答的一方获胜。

三、典型偏误分析

1. 比较点遗漏类偏误

（1）*我比朋友的房间大。

正确句：我的房间比朋友的房间大。/我的房间比朋友的大。

说明：该偏误句缺少了比较点。

2. 语序类偏误

（2）*李老师年轻比张老师。

正确句：李老师比张老师年轻。

说明：在"比"字句中，比较结果应位于比较项之后。

3. 程度副词的误用类偏误

（3）*共享单车比开车很方便。

正确句：共享单车比开车方便得多。

说明："很"类程度副词不可以出现在"比"字句中。如要表示程度上的差异，我们可以选择程度补语"一点儿""一些""多了""得多"等。

四、练习

1. 你和家人之间有哪些差异？请用"比"字句来说说你们的不同。
2. 你觉得你的家乡与你现在居住的城市之间有什么差异？请用"比"字句来说说两个城市之间的不同，可以从以下几个方面进行比较，如天气、城市大小、人口多少、物价高低等。

五、知识链接

"比"字句基本的语义要求是"究其差异，体现比较的结果"。由于"比"字句有特定的语义要求，一般的动作动词无法满足，所以很难直接充当"比"字句的谓语项。但是，如果某些动词具有"变化"或"程度"的语义特征，就有可能进入"比"字句，如具有"数量变化"义的动词"增加""提前"等，具有"程度变化"义的动词主要是心理动词，如"我比弟弟（更）喜欢"中的"喜欢"。（邵敬敏、刘焱，2002）

六、思考题

1. 如何向学生纠正并解释"她的汉语比我的很好"这类偏误句？
2. 请就"A 比 B + 更/还 + X"结构设计一个课堂活动。

七、参考文献

刘月华，潘文娱，故韡.实用现代汉语语法（增订本）[M].北京：商务印书馆，2001.

吕叔湘.现代汉语八百词（增订本）[M].北京：商务印书馆，1999.

吕叔湘.中国文法要略[M].北京：商务印书馆，2014.

任海波.现代汉语"比"字句结论项的类型[J].语言教学与研究，1987（4）.

邵敬敏.语义对"比"字句中助动词位置的制约[J].汉语学习，1992（3）.

邵敬敏，刘焱.比字句强制性语义要求的句法表现[J].汉语学习，2002（5）.

沈家煊.英汉对比语法三题[J].外语教学与研究，1996（4）.

沈家煊.不对称和标记论[M].南昌：江西教育出版社，1999.

第七节 "比"字句（2）：否定式和疑问式

一、教学要点

（一）核心语法意义

在进行汉语特殊句式教学的时候，我们不仅要教授肯定式的用法，还要教授否定式和疑问式的用法。"比"字句否定式和疑问式的核心语法意义依然是差比，即对比较的差异进行否定或提问。

（二）主要形式与典型例句

1. A 不比 B + X

（1）她不比你高。

2. A 没有 B + X

（2）她没有你高。

3. A 不如 B（+ X）

（3）她不如你（高）。

4. A 有 B + X + 吗？

（4）她有你高吗？

5. A 有没有 B + X？

（5）她有没有你高？

6. A是不是比B + X？

（6）她是不是比你高？

（三）典型情境

"比"字句适合用于比较的场景，最好是跟学生日常生活紧密相关的，如学校场景、家庭场景、日常生活场景。教师可以引导学生就熟悉的话题展开对比，如人物之间的对比、城市之间的对比。

（四）重点与难点

"比"字句的否定式是"比"字句教学的重点与难点，因为其否定式存在形式上的否定和意义上的否定两种。（赵金铭，2005）从形式上看，"A不比B + X"是对"A比B + X"的否定；但从意义上看，"不比"句其实包含了两种意思。例如：

（7）我比你高。

（8）我不比你高。

从形式上看，例（8）是对例（7）的否定；但从意义上看，例（8）包含两种意思，一是"我比你矮"，二是"我跟你一样高"。在脱离上下文语境的情况下，例（8）是存在歧义的。因此，"不比"句只能看作"比"字句形式上的否定。

还有一种否定式是对"比"字句意义上的否定，其基本结构为"A没有B + X"，此外还包括"A不如B（+ X）"结构。例如：

（9）我没有你高。

（10）我不如你高。

例（9）和例（10）是对例（7）意义上的否定。

在教学中，教师应该帮助学生厘清形式上的否定和意义上的否定。

（五）相关形式

在"A没有B + X"结构中，"没有"用于比较，包含两种意思：

一是表示"不如""不及","A没有B＋X"结构等同于"A不如B（＋X）"或"A不及B（＋X）"这两种否定式；二是表示没达到某种程度或某一数量，典型的结构是"A没有B＋这么/那么＋Adj."。例如：

（11）我没有你那么爱吃饺子。

（12）过去大米的价格没有现在这么贵。

例（11）表示的是我"爱吃饺子"的程度没有达到你对饺子的喜爱程度；例（12）比较的是大米价格的高低，表示过去的价格比现在的低，达不到现在的高价水平。因此，在教"A没有B＋X"结构时，教师应帮助学生区分这两种用法的细微差别。

二、教学步骤

（一）导入

在初级阶段的汉语课堂教学中，"比"字句作为一个比较复杂的语法点，我们不可能一堂课全部教授完。教师应结合具体的话题和典型情境来设计"比"字句的教学，并将"比"字句的肯定式和相应的否定式、疑问式结合起来协同教学。最直观的导入，是对高矮、长短等进行明确的数量比较，如从兄弟俩的身高入手，先进行肯定式比较，然后再引出否定式和疑问式。

（二）讲练

1."比"字句的否定式

教师请一名比自己高的学生到讲台上与自己站在一起，然后与学生进行如下问答：

教师：老师比他高，对吗？

学生：不对。

教师：那怎么说？老师——

师生：老师不比他高。

教师：对！除了用"不比"，我们还可以说"老师没有他高""老师不如他高"。

教师板书三种否定句式，具体如下：

A不比B + X

（1）她不比你高。

A没有B + X

（2）她没有你高。

A不如B（+ X）

（3）她不如你（高）。

这三个否定句式的意思不完全一样。下面分别对这三个否定句式进行讲解。

① A不比B + X

从形式上看，"比"字句的否定式是在"比"字前加上否定副词"不"，但"不比"句只是在形式上与"比"字句对称，在意义上却是不对称的。例如：

（4）她比你聪明。

（5）她不比你聪明。

例（4）的意思是她聪明，你不聪明，即她的智商比你高。例（5）的"不比"句包含两种意思：第一种意思是你俩智商差不多，否定的是A和B之间的差异，我们可以记作A≈B；第二种意思是比较起来，你更聪明，不过更确切的表达是：

（6）她没有你聪明。

（7）她不如你聪明。

可见，例（6）和例（7）在意义上是与例（4）相反的。在这里，我们可以记作A<B。在表达A<B这样的意思的时候，"不比"句常常是对对方观点的反驳。例如刚才的句子：

（8）教师：老师比他高。

学生：不对，老师不比他高。

② A没有B + X

这个句子是在意义上对"比"字句肯定式的完全否定，表达A、B之间的差距。如果我们将"比"字句的肯定式记作A>B的话，"没有"句可以记作A<B。例（6）"她没有你聪明"就是表示在智商水平上，她<你。再如：

（9）妹妹的房间比哥哥的房间干净。

（10）妹妹的房间没有哥哥的房间干净。

例（9）表示在干净程度上，妹妹的房间>哥哥的房间；例（10）表示在干净程度上，妹妹的房间<哥哥的房间。从意义上看，例（10）与例（9）完全相反。

③ A不如B（+ X）

"比"字句意义上的否定除了可以用否定比较词"没有"以外，还可以用"不如"（另外还可以用"不及"，但"不及"句通常不在初中级教学范围内），例如我们可以说：

（11）妹妹的房间不如哥哥的房间干净。

例（11）也表示在干净程度上，妹妹的房间<哥哥的房间。

所以从意义的角度看，"A没有/不如B + X"是对"比"字句肯定式的绝对否定。

"没有"和"不如"都可以用在"比"字句的否定式中，但两者之间是有细微差别的。"A没有B + X"强调的是A在某一方面无法达到B的程度，是不达标的。"没有"仅作为比较词，其自身的词义不能体现出比较的结果，因此比较结果是不可以省略的。例如：

（12）她没有哥哥高。

（13）？她没有哥哥。

省略例（12）中的比较结果"高"之后得到例（13），语义发生了根本性的变化。

"A不如B（+ X）"表示的是A和B在某种程度或某一方面存在差距。"不如"不仅是比较词，其本身的词义还可以体现出比较结果，所以比较结果往往可以省略。例如：

(14) 学习成绩方面，我不如她（好）。

需要注意的是，在"比"字句的意义否定式中，比较结果X是有限制的。X一般应是表示积极意义的，如"好""漂亮""聪明""热情"等。我们不能说：

(15) *我不如她笨。

(16) *姐姐不如妹妹难看。

不过与人的主观感受相关的形容词，如"热/冷""暖和/凉爽""便宜/贵"等也可以进入该句，这些词既不是积极意义的，也不是消极意义的。例如，我们可以说：

(17) 今天没有昨天冷/热。

2. "比"字句的疑问式

"比"字句的疑问式主要包括是非疑问式、正反疑问式和特指疑问式。例如：

A有B + X + 吗？

(18) 她有你高吗？

A是不是比B + X？

(19) 她是不是比你高？

A有没有B + X？

(20) 她有没有你高？

A跟B比怎么样？

(21) 她跟你比怎么样？

① "比"字句的是非疑问式

按照由易到难的教学原则，教师首先应教授是非问"比"字句，即在"比"字句肯定式或否定式后面加上疑问语气词"吗"。例如：

(22) 玛丽比安娜高吗？

(23) 玛丽比安娜高三厘米吗？

(24) 玛丽不比安娜高吗？

(25) 玛丽没有安娜高吗？

例（22）—（25）都是在原有的"比"字句肯定式或否定式后加上疑问语气词"吗"而构成的是非疑问句，当然也可以不加疑问语气词"吗"，只在句末加上疑问语调即可，如"玛丽比安娜高？""玛丽比安娜高三厘米？"等等。需要注意的是，例（24）和例（25）是由两种否定式"比"字句加上"吗"后构成的是非疑问式，从语气上来说带有反问语气，因此在一定的上下文语境中，有可能并不需要听话人做出回答。教师在教学中应结合具体语境向学生进行说明。

② "比"字句的正反疑问式

"比"字句的正反疑问式比较特殊，有"是不是"和"有没有"两种形式。在语法层面和语义层面上，"比"字句的肯定式和否定式都可以和"是不是"构成疑问句，"是不是"放在比较标记之前。例如：

（26）玛丽是不是比罗兰高？

（27）玛丽是不是比罗兰高两厘米？

（28）你的书是不是没有我的多？

（29）麦克的成绩是不是不如田中？

"有没有"类正反疑问形式在语义上侧重于估算、揣摩比较的结果，其基本形式是"A有没有B（+这么/那么）+X"。例如：

（30）玛丽有没有罗兰高？

例（30）表明说话人知道罗兰的身高，并以罗兰的身高为标准对玛丽的身高进行揣摩和估算。

多数时候"有没有"中的"没有"会被弱化并省略，变成"A有B（+这么/那么）+X+吗"句式。例如：

（31）小丽有小明那么爱学习吗？

例（31）表明说话人以小明爱学习的程度为标准，衡量、揣摩小丽爱学习的程度。

③ "比"字句的特指疑问式

"比"字句的特指疑问式较为复杂，受到的限制比较多。

首先，"比"字句的否定式不能直接用疑问词提问；如果要问，必须把否定式转化为肯定式来提问。例如，针对"他写的汉字没有我的好"这个句子进行提问，我们应该说：

（32）他写的汉字比你的怎么样？

再如，针对"麦克不如田中"这个句子，正确的提问方式应该是：

（33）麦克比田中怎么样？

其次，对于"比"字句的特指疑问式来说，我们仅能够使用"多少""几""怎么样"等少数几个疑问词进行提问。在比较数量时，使用"多少"和"几"提问；在比较程度、状态时，用"怎么样"提问。例如：

（34）你的房间比她的房间大多少？

（35）坐地铁比自驾车怎么样？

例（34）询问的是数量上的具体差距，因此以疑问词"多少"提问；而例（35）询问的是交通出行方式的方便程度，因此以疑问词"怎么样"进行提问。

（三）总结

① 比字句的否定式，包括形式上的否定和意义上的否定两种情况，分别以"不比"和"没有""不如"作为否定标记。

② "不如"不仅是比较词，还可以体现出比较结果，因此比较结果X可以省略；而"没有"只是一个比较词，不能体现出比较结果，因此X不能省略。

③ "没有"和"不如"句的结果项X大多由积极义词语或与人的主观感受相关的词语来充当。

（四）课堂活动

任务：看谁先猜中

要求：教师给学生提供若干名人图片和信息，学生提前准备好问题；然后教师只保留一张名人图片，选一名学生到讲台前边背对这张图片，全班学生使用"比"字句帮助这名学生猜到图片中的人是谁；站在前边的学生可以使用"比"字句疑问式进行提问和确认。教师记录学生通过多少个"比"字句猜中答案,使用数量最少者获胜。

注意:学生只能用"比"字句提问和回答。

三、典型偏误分析

1. 否定词的语序类偏误

(1) *这道菜比那道菜不可口。

正确句:这道菜没有那道菜可口。/这道菜不比那道菜可口。

说明:对"比"字句进行否定时,我们可以将"比"改为"没有",或将否定词"不"置于"比"前。

2. 形容词的误用类偏误

(2) *她没有我差。

正确句:她没有我好。

说明:在"比"字句的否定式中,一般情况下,比较结果应采用带有积极意义的词语。

(3) *这家饭馆有没有那家饭馆脏乱?

正确句:这家饭馆有没有那家饭馆干净?

说明:一般情况下,"有没有"侧重于估算、揣摩比较的结果,说话人是倾向于比较好的、令人满意的结果的,因此比较结果多为积极意义的词语。

四、练习

1. 说说"支付宝不比微信方便"和"支付宝没有微信方便"这两个句子的差异。
2. 下面两个句子对不对?如果有错误,应该怎样改正?
   (1) 姚明比我还高。
   (2) 哈尔滨的冰灯不比长城有名。

五、知识链接

"比"字句的基本序列与人类经验有关,遵循的是时间原则。在教学中,依照比较的思维过程,逐一展示比较语块,引导学生从认知的角度理解语块的排列,有助于学生感知和记忆。"比"字句的结果项语块所具有的构式义是"比较量差","比较量差"对应着特殊的句法形式,如"形容词+一点/一些/很多/得多/多了"。(谢白羽,2011)

六、思考题

1. 如何帮助学生区分"A没有B+X"和"A不如B(+X)"?
2. 请就"A没有B+X"结构设计一个课堂活动。

七、参考文献

刘月华,潘文娱,故韡. 实用现代汉语语法(增订本)[M]. 北京:商务印书馆,2001.

陆俭明,马真. 现代汉语虚词散论[M]. 北京:语文出版社,1999.

吕叔湘. 现代汉语八百词(增订本)[M]. 北京:商务印书馆,1999.

任海波. 现代汉语"比"字句结论项的类型[J]. 语言教学与研究,1987(4).

邵敬敏. 语义对"比"字句中助动词位置的制约[J]. 汉语学习,1992(3).

沈家煊. 不对称和标记论[M]. 南昌:江西教育出版社,1999.

谢白羽. 面向对外汉语教学的比较句研究[D]. 上海:华东师范大学博士学位论文,2011.

赵金铭. 论汉语的"比较"范畴[G] //赵金铭. 汉语与对外汉语研究文录. 北京:外语教学与研究出版社,2005.

第八节　等比句

一、教学要点

（一）核心语法意义

在现代汉语中，等比句"A跟B一样（+X）"表示A和B在某方面相同或相似。A、B是相互比较的两种事物或性状，可以是动词性词组，也可以是名词性词组或代词。X是比较点或者说相似点，为谓词性成分。

（二）主要形式与典型例句

1. A跟B一样

（1）老师的书跟我们的书一样。

否定式：A跟B不一样

（2）老师的书跟我们的书不一样。

2. A跟B一样+X

（3）飞机跟火车一样安全。

否定式：A跟B不一样+X

（4）他跟我不一样高。

3. A跟B一样（+X）

（5）脸色跟纸一样（白）。

该形式无否定式。

注意：形式1和形式2表示实际的比较，即"实比"，适合初级水平的学生学习；形式3表示修辞的比拟，是"虚比"，适合初级以上水平的学生学习。下文我们所说的等比句仅指表示"实比"的等比句。

（三）典型情境

表示"实比"的等比句出现的典型情境是比较两种事物是否相同。

（四）重点与难点

表示"实比"的"A跟B一样（+X）"句式整体难度不高，学生理解和运用起来都不难。我们要注意的是其否定式，并非所有的"A跟B一样（+X）"的句子都有相应的否定式。例如：

（6）a. 他跟我一样。
　　　b. 他跟我不一样。（√）

（7）a. 他跟我一样高。
　　　b. 他跟我不一样高。（√）

（8）a. 飞机跟火车一样安全。
　　　b. 飞机跟火车不一样安全。（×）

在教学中，我们不能简单地告诉学生"A跟B不一样（+X）"是"A跟B一样（+X）"的否定式，避免学生出现类似"飞机跟火车不一样安全"的偏误。

（五）相关形式

表示"实比"的"A跟B一样（+X）"中的"跟"也可以替换成"和/同/与"。"跟……一样""和……一样""同……一样""与……一样"语义相同，只是语体有别。"跟……一样"是口语体，"和……一样"口语体和书面语体通用，"同……一样"和"与……一样"则为正式的书面语体。

二、教学步骤

（一）句型1：A跟B一样

1. 导入

教师可以用情景法导入。例如，教师拿出自己手中的课本，让学生跟他们的课本比较一下，并提问学生"这两本书一样吗？""什么跟什么一样？"，从而引出目标句：

（1）老师的书跟我们的（书）一样。

然后教师用同样的方法，让学生比较一下其他等级班使用的课本和本班使用的课本，从而引出否定式目标句：

（2）他们的书跟我们的书不一样。

2. 讲练

教师顺势在黑板上展示出肯定式和否定式的两种句型——"A跟B一样""A跟B不一样"，然后继续通过问答的方式进行操练。例如，教师可以问学生"中国一年有四个季节，春、夏、秋、冬，你们国家跟中国一样吗？""结婚的时候，中国人喜欢穿红色的衣服，你们国家跟中国一样吗？""中国人习惯用筷子吃饭，你们国家跟中国一样吗？"等等。运用问答法进行操练时，教师要尽可能多地设计一些贴近学生生活的问题，使学生易于在比较中得出问题的答案，有话可说，有表达的欲望。提问的方式可以由教师问，学生答过渡到学生问，学生答，让学生有更多的练习机会。

在实际的语言交流中，当所比较的两种事物不同时，多数情况下说话人会在之后的表达中用小句来说明它们的不同之处。我们在讲练时也可以将这一点设计进来，例如"中国一年有四个季节，春、夏、秋、冬，你们国家跟中国一样吗？"这个问题，当学生回答"我们国家跟中国不一样"时，教师可以进一步提问"你们国家一年有几个季节？"，并提示学生将两部分内容整合在一起，引导学生说出"我们国家跟中国不一样，我们国家一年只有两个季节（雨季和旱季）"这样更符合日常交际习惯的句子。

（二）句型2：A跟B一样 + X

1. 导入

待学生掌握熟练句型1之后，教师可以利用图片导入句型2。例如，教师找一张身高相当的两兄弟的图片，用刚学过的句型1提问学生"哥哥跟弟弟一样吗？"，一边提问一边示意学生注意图片中两兄弟的身高，引出目标句：

（3）哥哥跟弟弟一样高。

2. 讲练

结合导入的目标句，教师顺势展示出句型2：A跟B一样 + X。接着，教师要给学生提供更多的情境来练习这个新句型。这个句型的例句贴近学生生活的不好找，教师如果对学生平日的生活有一定的观察和了解，可以从中选择合适的素材进行实景操练。例如：班里如果有两个年龄一样的学生（玛丽和安娜），教师可以提问"玛丽和安娜谁大？"；班里如果有学生认为口语课和听力课同等重要，教师可以问他"你认为口语课重要还是听力课重要？"；教师还可以向家庭关系幸福和谐的学生提问"爸爸和妈妈谁更爱你？"；等等。

教师也可以拓展练习的方式，利用图片法或改说句子法进行操练。例如：教师展示一张双胞胎姐妹的图片，问学生"姐姐很漂亮，妹妹呢？"（图片法）；或者教师说句子"我们班有16名学生，他们班也是16名学生"，请学生用句型2改说成"我们班的学生跟他们班的（学生）一样多"（改说句子法）；等等。

句型2的肯定式练习充分之后，教师就可以进入句型2否定式的教学。教师可以利用图片（找一张能明显看出身高差别的人物图片）或实景（老师和某个比老师高的学生比身高）引出否定式"A跟B不一样+X"的目标句：

（4）哥哥跟弟弟不一样高。

（5）老师跟安娜不一样高。

这里要向学生说明：虽然理论上句型2都可以在"一样"前加上"不"变成否定式，但在实际语言中，我们很少这么用，只有"大""多""高""长""厚"等少数几个形容词（表示积极意义的、可计量的单音节形容词）可以出现在否定式的句子中。

说明具体规则之后，教师可以通过几个例子让学生练习一下。例如，如果教室里老师的讲桌跟学生的课桌长、宽、高、大小都不一样，那我们就可以通过提问"老师的桌子跟你们的桌子一样长/宽/高/大吗？"来练习。

否定式练习完后，教师最好再强调一下否定式中形容词的特点，告诉学生：句型2的使用以肯定式为主，只有比较大小、多少、长宽高等时，才有相应的否定形式。

（三）总结

① 引导学生回顾表示"实比"的等比句的两个基本句型（句型1和句型2）及其相应的否定式。

② 强调句型1（A跟B一样）有完全对应的否定式（A跟B不一样），而句型2（A跟B一样＋X）的使用以肯定式为主，其否定式（A跟B不一样＋X）的使用非常受限。

（四）课堂活动

任务：我和我的好朋友

要求：师生先进行头脑风暴，列举一些两人比较时可以选取的点（如年龄、身高、体重、性格、爱好等等）；学生两人一组，准备一分钟后在组内向同伴讲述；最后教师请几名学生到讲台上讲述，其他学生听完之后找出"朋友之最"（如谁和朋友最相近，谁和朋友差别最大）。

注意：在学生准备和表达的过程中，教师要留意学生出现的各种典型性偏误，并适时给予反馈和纠正。

三、典型偏误分析

1. 语用类偏误

（1）*我们的宿舍跟教室不一样暖和。

正确句：我们的宿舍比教室暖和。/我们的宿舍没有教室暖和。

说明："暖和"不是可计量的单音节形容词，不能出现在"A跟B不一样＋X"结构的句子中。

2. 句式误用类偏误

（2）*这次比以前不一样。

正确句：这次跟以前不一样。

说明：该类偏误混淆了"比"和"跟……一样"的使用。

3. 语序类偏误

（3）*他跟我喜欢踢足球一样。

正确句：他跟我一样喜欢踢足球。

说明："喜欢踢足球"是相似点，应该放在"一样"的后边。

四、练习

（一）填空："比"还是"跟"？

1. 今天的温度（　　）昨天的一样。
2. 今天（　　）昨天一样冷。
3. 今天（　　）昨天冷。

4. 左边的头发（　　　）右边的不一样长。

（二）请判断以下哪些句子有否定式，并将其改成否定式。

1. 这道练习题跟我们昨天的考试题一样。
2. 他本人跟照片一样帅。
3. 玛丽跟你一样，也是从美国来的。
4. 这间教室跟那间教室一样大。

五、知识链接

（一）同形异构的两种"A跟B一样（+X）"句

在语言事实中，"A跟B一样（+X）"句式可以分为两类：I. 表示实际的比较，说明两种事物或性状相同。例如：里头跟外头一样（冷）。II. 表示修辞的比拟或比喻，说明两种事物或性状类似。例如：脸色跟纸一样（白）。I类"A跟B一样（+X）"句的重音在"一样"上，II类"A跟B一样（+X）"句的重音在"B"上。本节"等比句"讲练的是表示实际比较的I类"A跟B一样（+X）"句。

（二）I类"A跟B一样（+X）"的否定式

I类"A跟B一样（+X）"比较的是两种事物或者性状，比较结果可以相同，也可以不同。所以从理论上讲，I类句式都有相应的否定式"A跟B不一样（+X）"，然而实际语言运用中却有不同。

① 当"一样"后为零形式，即格式为"A跟B一样"时，有相应的否定式。例如：

（1）a. 里头跟外头一样。

　　b. 里头跟外头不一样。

② 当"一样"后有谓词性成分，即句式为"A跟B一样+X"时，一般只有表示积极义的、可计量的单音节形容词"多""高""长""厚"

"宽""远""深"等能够进入否定式"A跟B不一样+X"中。（郭熙，1994；肖奚强、郑巧斐，2006）例如：

（2）a. 我跟哥哥一样高。

b. 我跟哥哥不一样高。

（3）a. 飞机跟火车一样安全。

b. *飞机跟火车不一样安全。

（4）a. 我跟他一样喜欢中国菜。

b. *我跟他不一样喜欢中国菜。

六、思考题

1. "他的脸跟马脸一样长。"这个句子中的"跟……一样"表示实比还是虚比？请具体说说。
2. 请为表示实比的"跟……一样"设计一个课堂交际活动。

七、参考文献

曹水，程春君."跟……一样"句式在对外汉语教学中的偏误分析[J]. 语文教学通讯·D刊，2017（3）.

郭熙. 论"'一样'+形容词"[M] // 邵敬敏. 语法研究与语法应用. 北京：北京语言学院出版社，1994.

李向农. 再说"跟……一样"及其相关句式[J]. 语言教学与研究，1999（3）.

肖奚强，郑巧斐."A跟B（不）一样（X）"中"X"的隐现及其教学[J]. 世界汉语教学，2006（3）.

杨紫静，娄开阳. 韩国学生"A跟B一样C"构式习得偏误分析[J]. 海外华文教育，2019（2）.

朱德熙. 说"跟……一样"[J]. 汉语学习，1982（1）.

第九节 "连"字句

一、教学要点

（一）核心语法意义

"连"字句通常是指包含"连……都/也……"结构的句子，是人们对外部事物或事件进行序位化的一种句法手段，通过对"连"后的对象进行序位化，突显一个极值，从而说明说话人的某种观点。

（二）主要形式与典型例句

1. S + 连 + NP + 都/也 + VP

（1）这个汉字连小学生都知道。

2. S + 连 + NP + 都/也 + 没/不 + VP

（2）她连一个中国朋友也没有。

3. S + 连 + V + 都/也 + 没/不 + VP +……

（3）他连看都不看就放在桌子上了。

说明：初级阶段的"连"字句教学只涉及第1、2两类，几乎不涉及第3类，故我们下面的教学只展示第1、2两类。

（三）典型情境

"连"字句具有反预期功能，当说话人要表达的信息与自己的预期相反时可以使用"连"字句。例如：

（4）这个汉字连小学生都认识。

上例隐含着"你为什么不知道呢"的信息，极性对比"小学生"和"你"，同时这个句式表达一定的反预期信息，"你不知道这个汉字"这个信息是说话人没有预料到的，是一种反常、出人意料的情况。

我们在教学时一定要让学生理解和掌握反预期和出人意料这两个语用情境，这样学生才能用对"连"字句。

（四）重点与难点

1. "连"字句的语义

关于"连"字句的语义，学界有以下几种不同的说法：强调说、隐含比较说、递进/递降说、标举极端事例说、全称数量义说、序位框架说等。"连"字句的语义包含说话人的主观预设，这个预设涉及语义量级的概念。对于一个语义量级来说，说出量级中的某一项，蕴涵着它前面的所有项都成立。例（4）"这个汉字连小学生都认识"，在这个句子中，知道这个汉字的人存在一个语义量级，为"小学生→中学生→大学生→研究生→博士生"，肯定了前者，即小学生知道这个汉字，后者也都成立。

2. "连"字句的语用功能

对于"连"字句的语用功能，学界也有很多说法。综合学者们的研究，我们认为"连"在"连"字句中是一个焦点标记，表达说话人的反预期信息，整个句式表达的信息有出人意料的作用。

3. "连"字句后"也"和"都"的区别

"连……也……"和"连……都……"有何区别，语义上有何侧重，这是教学中学生容易产生疑问的地方。例如：

（5）今天连老板也/都迟到了。

（6）她连一句汉语也/都不会说。

"也"表示"类同"，强调一类中最有可能的也跟普通的一样没能这样。例如"她连一句汉语也不会说",最有可能的是"会说一句汉语",但她不会,其他汉语她就更不会说了,强调类同。"都"表示概括,举出一类中最不可能出现的为代表,强调说明这一类无一例外地都出现了。(马真,1982)例如"今天连老师都迟到了",说话人想表达的是天天不迟到的老板都迟到了,其他人也都迟到了。从教学角度看,我们只要给学生讲清楚以下区别即可:"也"和"都"都具有强调作用,但"都"倾向指范围中的一个,"也"倾向指类同;"都"多用于肯定句,"也"多用于否定句。

"连"字句的语义和语用受很多限制,只有放到语篇中,学生才容易理解并接受,所以在教学中我们应该给出适当的语境或语篇信息,凸显"连"字句反预期及出人意料的作用。

二、教学步骤

(一)导入

"连"字句在初级阶段不是一个大的语法点,但确实是一个难点,教师需要认真准备。教师可以以学生学习汉语的故事为引子,用故事将"连"字句的讲解串联起来。例如:

玛丽是零起点班的学生,她刚来中国的时候,不会说最简单的"你好""谢谢",更不用说长的句子了。

这时教师可以顺势引入目标句,即例(1):她连"你好"都不会说。

(二)讲练

1."连"字句的讲解

导入例(1)后,教师可以接着问"那她有中国朋友吗?",得到学生的否定回答后,直接引出目标句"她连一个中国朋友也没有",即例(2)。两个目标句都引出之后,教师再给出"连"字句的结构:S+连+

NP + 都/也 + 没/不 + VP。

（1）她连"你好"都不会说。（蕴涵：长的句子就更不会说了。）

（2）她连一个中国朋友也没有。（蕴涵：多了就更没有了。）

这里教师要向学生解释："连"后的对象"你好"是汉语里最简单的，也是最容易学会的，此处用"连"字句能够凸显最简单的都不会说，别的就更不会说了；玛丽刚来中国时"没有一个中国朋友"，此处用"连"字句能够凸显一个中国朋友都没有，多了就更不用说了。

学生理解后，教师再引入"连"字句否定式的第二类形式——宾语在前。教师可以继续以玛丽的故事进行讲练。例如：

玛丽开始在语言大学学习汉语，周末去西安旅行，她看到一个特别难的汉字，她问老师，可这个汉字太难了，老师竟然也不认识，这让玛丽特别惊讶。那么玛丽应该怎么用"连"字句告诉她的同学这个汉字很难，老师也不认识呢？

（3）这个汉字连老师都不认识。

用"连"字句是为了强调这个汉字太难，老师不认识，玛丽就更不认识了。

课上，老师展示了一张西安的照片，问玛丽："这个地方老师没去过，你去过吗？"玛丽说："老师都没去过，我就更没去过了。"我们用"连"字句怎么说呢？

（4）这个地方连老师都没去过。

用"连"字句是为了强调老师没去过，玛丽就更没去过了。

待两个例句引出之后，教师再总结结构：NP + 连 + S + 都/也 + 没/不 + VP。

这两类"连"字句的否定式讲解完后，教师要向学生解释，"连"字句中的NP可以出现在"连"字前，也可以出现在"连"字后，但表达的意思有所不同。请学生体会下面两个句子的不同：

（5）这个汉字连老师都不认识。

（6）老师连这个汉字都不认识。

例（5）是说这个汉字很难，老师都不认识，我就更不认识了。例

（6）是说这个汉字很简单，老师不认识，我觉得很奇怪。这可以让学生明白NP在前和在后的区别，让学生理解"连"字句表达的是说话人主观看法的不同。

教师接下来可以继续用玛丽的故事引入"连"字句的肯定式。例如：

玛丽在语言大学学习一年汉语后，汉语有了很大的进步。北京有名的地方她都去过了，还去过潭柘寺；北京的小吃也都吃过了，卤煮也吃过。同学们特别惊讶。我们用"连"字句应该怎么说？

这时，教师可以顺势引出例（7）（8）并给出结构：S + 连 + NP + 都/也 + VP。

（7）玛丽连潭柘寺也去过了。（蕴涵：别的有名的地方也都去过了。）

（8）玛丽连卤煮都吃过了。（蕴涵：别的小吃也都吃过了。）

玛丽也对中国有了一定的了解，有个新闻，留学生都知道，可是老师却不知道，玛丽觉得特别惊讶。我们用"连"字句应该怎么说呢？

教师可以再给出一个例子，例如：

有个问题特别简单，你不知道，老师觉得特别奇怪。用"连"字句应该怎么说呢？

教师通过设置上述情境引导学生说出例（9）（10）并给出结构：NP + 连 + S + 都/也 + VP。

（9）这个新闻连留学生都知道。（蕴涵：老师怎么不知道呢？）

（10）这么简单的问题，连小孩子也能回答。（蕴涵：你怎么不知道呢？）

教师要让学生了解"连"后的成分在语义上存在于一个主观序列，在语用上表达反预期功能，即与说话人的预期相反。

2."连"字句的操练

下面进入操练环节，教师可以给出情境和图片提示，让学生用"连"字句进行表达。

①用"连"字句改说句子

a.我太累了，不想说话。（→我累得连话都不想说。）

b. 他的汉语水平很高，中文小说。（→他连中文小说都能看懂。）

c. 来北京后他哪儿也没去过，故宫。（→来北京后，他连故宫都没去过。）

d. 我不认识他，没听说过他的名字。（→我连他的名字都没听说过。）

② 用"连"字句完成句子

a. 她很懒，＿＿＿＿＿＿＿＿。

（参考答案：连自己的衣服都不洗）

b. 我很忙，＿＿＿＿＿＿＿＿。

（参考答案：连吃饭的时间也没有）

c. 玛丽去过北京很多地方，＿＿＿＿＿＿＿＿。

（参考答案：连潭柘寺都去过）

d. 这是一个秘密，她从没告诉过别人，＿＿＿＿＿＿＿＿。

（参考答案：连最好的朋友都不知道）

（三）总结

① 当说话人要表达的信息与自己的预期相反时可以使用"连"字句。

② "连"字句后的成分存在于一个主观序列，通过肯定最大值，肯定全部；否定最小值，否定全量。

（四）课堂活动

任务：玛丽的故事

要求：学生2~3人一组，讲述课上听到的玛丽的故事，或编写一个自己的故事，至少用上三个"连"字句，然后分组进行汇报。

三、典型偏误分析

1. 副词"都/也"的遗漏类偏误

（1）*玛丽连米饭不吃。

正确句：玛丽连米饭都/也不吃。

说明：这是学生初学"连"字句时比较容易犯的错误，只记住了"连"，没有掌握其完整的结构"连……都/也……"。

2. 语序类偏误

（2）*妈妈连都不会做饭。

正确句：妈妈连饭都不会做。

说明：这是典型的错序偏误。学生没有掌握好"连"字句的结构形式，"连"后主要是名词性成分，可以是词，也可以是短语，还可以是句子。

3. 语义类偏误

（3）*我连白酒都不喝，别说啤酒了。

正确句：我连啤酒都不喝，别说白酒了。

说明："连"后的成分存在于一个语义序列。在大多数人的认知序列里，啤酒度数最低，人一般都能喝，最高的才是白酒。

4. 语用类偏误

（4）*今年北京的冬天很冷，连雪都下了。

正确句：今年北京的冬天很暖和，连雪都没下。

说明："连"字句往往用于极端情况，是反预期的表达，表现出乎意料的情况，正常情况下不用"连"字句。

四、练习

（一）用"连"字句改写句子。

1. 她不会说汉语。
   _____。

2. 这个汉字小孩子都知道。
   _____。

3. 他在北京一年了，没去过长城。
   _____。

4. 这首歌很流行，外国人也会唱。
   _____。

（二）用"连"字句完成句子。

1. 她工作特别忙，_____。
2. 他今天特别累，_____。
3. 来北京后她一直在学校附近活动，_____。
4. 这部电影特别好看，_____。

五、知识链接

　　"连"字句的语义和语用有很多限制，只有结合语篇才能对其语义和语用有更好的说明。

　　"连"字句的语义包含说话人的主观预设，这个预设涉及语义量级的概念。语义量级的形成与说话人的世界知识和主观态度有关。"连"字句是一种句法操作手段，其认知语义基础是通过一个以量级序列为基础的情理值序列，使成员序位化。

　　"连"字句的语用功能也一直是学界的研究热点。"连"字句具有反预期功能，整个句式传递出的信息有出人意料的作用，"连"在这个句式中是一个焦点标记，标示极性对比话题。

　　对于"连"后的副词什么时候用"都"，什么时候用"也"，马真（1982）提到，"也"表示类同，"都"表示概括。巴丹（2012）发现二者的区别体现在突出特例与凸显对比、重在表情与重在释因、侧重总括与侧重类同等方面。他还提到"都"侧重主观静态事件，常常充当背景信息；而"也"侧重客观动态事件，多充当前景信息。

六、思考题

1. 请你说说"连"字句的语义和语用功能。
2. 你能说说"她在北京住了两年了，连自己的中文名字都会写"这个句子为什么是错误的吗？
3. 请你设计一个教学活动对"连"字句进行操练。

七、参考文献

巴丹."连……都……"和"连……也……"的句法、语义及语用差异[J].汉语学习，2012（3）.

方梅.汉语对比焦点的句法表现手段[J].中国语文，1995（4）.

刘丹青.作为典型构式句的非典型"连"字句[J].语言教学与研究，2005（4）.

刘丹青，徐烈炯.焦点与背景、话题及汉语"连"字句[J].中国语文，1998（4）.

马真.说"也"[J].中国语文，1982（4）.

王远明.也说"连"字句的语用功能[J].乐山师范学院学报，2008（2）.

袁毓林.试析"连"字句的信息结构特点[J].语言科学，2006（2）.

张旺熹.连字句的序位框架及其对条件成分的映现[J].汉语学习，2005（2）.

第十节 "是……的"句

一、教学要点

（一）核心语法意义

"是……的"句是一种用来加强语气的句式，用以记述一个听说双方共知的特定的已然事件，句内一定有一个成分表示较新的信息，这也是信息焦点所在。这个已然事件中的动作已经发生并完成，句中的信息焦点一般是与动作有关的某一方面，如时间、处所、方式、施事、受事等。例如：

（1）他是昨天来上海的。

在这个句子中，"来上海"是听说双方共知的已经发生的事件，"昨天"则是通过"是……的"句结构传达出的一个新信息，是语义的焦点。

（二）主要形式与典型例句

1. 肯定形式：S（+是）+VP+的

（2）他是昨天来上海的。

（3）他昨天来上海的。

句中"是"可以省略，句子意思不会发生变化。

2. 否定形式：S+不是+VP+的

（4）他不是昨天来上海的。

（5）我不是骑自行车去的。

3. 疑问形式：S＋是＋VP＋的＋吗？

（6）他是昨天来上海的吗？

（7）你是骑自行车去的吗？

（三）典型情境

"是……的"句主要用于听话人期望了解说话人所提供的已然事件中，与已发生动作有关的某一方面的信息，如时间、处所、方式、实施者、目的等，目的在于对已然事件细节信息的传递。例如对方告诉我们他去国外旅行了，如果我们也想去这个地方旅行，就会希望了解更多更详细的信息，如乘坐什么交通工具、自助游还是跟团旅行、什么季节去及食宿情况等，以满足好奇心或求知欲。这是"是……的"句的主要语用功能。

（四）重点与难点

"是……的"句的语用功能和语序是教学中的重点与难点。对于其语用功能的教学，我们可以把"是……的"句与英语的"It was…that…"进行对比，让学生了解"是……的"句的作用是传达已完成的某事件中的某一细节信息。

我们在教学中还应该向学生强调"是……的"句的语序，即说话人所要强调的相关内容应该出现在"是"后。学生如果不掌握这一点，就会出现"他昨天是来上海的"这样的偏误句。

（五）相关形式

"是……的"句与"了$_1$"都常用于过去发生的事件，所以学生易产生混淆，说出如"你什么时候回北京了？""上周末你做什么的？"的偏误句。

"是……的"句与"了$_1$"的区别和联系如下：

① "了$_1$"的语用功能主要是叙述某一动作的完成或实现。当我们知

道某一事件已经发生，我们才会去追究其中的细节信息。从这个角度来说，"了$_1$"是"是……的"句赖以出现的前提。例如：

（8）A：上周末你去哪儿了？
　　B：我去上海旅行了。
　　A：你是怎么去的？
　　B：我是坐火车去的。
　　A：你是一个人去的吗？
　　B：我是跟朋友一起去的。

"我去上海旅行了"叙述的是某一事件已经完成，在此基础上，对话双方才会开始谈论旅行中的各种细节，如怎么去的、跟谁一起等等。如果没有"我去上海旅行了"做前提，对话双方没有关于某一事件已经发生的共知信息的话，是不可以出现"是……的"句的。

② 带动态助词"了$_1$"的动词谓语句的否定形式为"没VP"，"是……的"句的否定形式为"不是……的"。"没"所否定的是事情的发生，"不是……的"则表达对某一具体信息真实性的否定。例如：

（9）他去旅行了。→他没去旅行。
（10）他是坐火车去旅行的。→他不是坐火车去旅行的。

二、教学步骤

（一）导入

"是……的"句是用来凸显已然事件发生或完成的时间、处所、方式等新信息的，在导入时利用某一或某些已然事件创设典型情境非常必要。创设的典型情境应该与学生的学习、生活有关，从学生所熟知的情境入手。例如，教师可以通过询问学生周末是怎么过的来导入。具体如下：

教师：玛丽，上周末你去哪儿了？
玛丽：我去公园了。

教师：你是自己去的还是跟朋友一起去的？

玛丽：跟朋友一起。

教师这时转向全班提问并引导学生说出新的目标句：

教师：她是自己去的还是跟朋友一起去的？

师生：她是跟朋友一起去的。（教师在语气上要特别强调"的"）

教师再顺势通过板书或PPT展示"是……的"句的结构。

（二）讲练

结构：S（+是）+VP+的

（1）她是跟朋友一起去的。

基于上面的导入，教师再通过提问的方式，让学生明确结构和意义之间的对应关系。例如：

教师：从这句话中我们知道了什么？

学生：玛丽不是一个人去的。

教师：对，我们知道了她不是一个人去。在这个句子中，"跟朋友一起"是最重要的，我们把它放在"是"的后边。

然后教师再通过进一步的提问，让学生熟练掌握"是……的"句的结构和意义。

（2）玛丽，你是周六去的还是周日去的？（目标句：我是周六去的。）

（3）你是坐公共汽车去的吗？（目标句：不是，我是骑车去的。）

在讲练"是……的"句的时候，我们常用到的一组经典例句是关于学生的来源国、来华日、来华方式的。这组例句贴近学生生活，同时可以将常强调的时间、地点、方式都练习到。例如：

教师：你是从哪儿来的？

学生：我是从韩国来的。

教师：你是什么时候来的？

学生：我是三月来的。

教师：你是坐飞机来的还是坐船来的？
学生：我是坐飞机来的。

示范完上述师生对话后，教师再要求生生之间进行问答，继续练习"是……的"句的使用。

教师还可以看似随意地拿起学生桌上的一件物品，如一个精致的笔袋，自然地与学生进行如下问答，以此对"是……的"句进行操作：

教师：这个笔袋不错，你是在哪儿买的？
学生：我是在学校的小超市买的。
教师：你是什么时候买的？
学生：我是上星期买的。
教师：真不错，我也想买一个，你是多少钱买的？
学生：10块钱买的。

教师做完示范之后，可以要求学生两两一组，就对方的某件物品进行上述问答练习。

针对"是……的"句与带动态助词"了$_1$"的动词谓语句易混淆的问题，我们可以通过对比的方法，引导学生比较已知和未知。具体来说，我们可以把"是……的"句与带动态助词"了$_1$"的动词谓语句放在同一个情境中反复提问和回答，让学生在对比中体会二者的差异。例如：

问：昨天你去哪儿了？　　答：我去超市了。
问：你怎么去的？　　　　答：坐车去的。
问：你买什么了？　　　　答：买了一些水果。
问：是谁和你去的？　　　答：朋友和我去的。

（三）总结

① "是"可以出现，也可以不出现。
② 被强调的信息一般出现在"是"后。
③ 句中有宾语时，名词宾语一般在"的"后，有时也可在"的"前；如果宾语是代词，则一般都在"的"前。例如：

（4）他是用铅笔写的字。

（5）他是用铅笔写字的。

（6）我是昨天看见他的。

（四）课堂活动

任务1：我是大侦探

要求：教师将学生分组，要求学生用"是……的"句获取时间、地点、方式、工具、目的等信息，帮助朋友解决"他去哪儿了"或者"我的手机去哪儿了"等问题，成功解决问题的学生获得向全班同学展示的机会。

任务2：记者采访

要求：学生4～5人一组，其中一人说出自己最近做的一件事，其他人充当记者就时间、地点、方式等向其提问，第一人回答，最后看谁提的问题最多。

注意：教师在学生活动过程中要不断巡视，注意及时纠正学生的表达错误。

三、典型偏误分析

1. "了$_1$"的误用类偏误

（1）*我是昨天来了。

正确句：我是昨天来的。

说明：上句混用了"是……的"句与带动态助词"了$_1$"的动词谓语句。如果要强调"来"的时间，应该说"我是昨天来的"。

2. "的"的语序类偏误

（2）*你是怎么认识的他？

正确句：你是怎么认识他的？

说明：宾语如果是代词，一般位于"的"之前。

四、练习

（一）请用"是……的"句回答下面的问题：

1. 是谁买的飞机票？
2. 玛丽是怎么去上海的？
3. 这幅画儿是谁画的？
4. 这件事你是怎么知道的？
5. 你是在哪儿遇见他的？

（二）请用"是……的"句对下列句子进行提问：

1. 我是在北京学的汉语。
2. 我是打电话告诉他的。
3. 马克是在动物园上车的。
4. 是小王做完的这些工作。

五、知识链接

关于"是……的"句，赵淑华（1979）从"是"和"的"的作用角度把"是……的"句分为三类。第一类，"是"是谓语中的主要动词，"是"加上"……的"构成谓语，如"这本书是弟弟的"。第二类，"是"不是谓语中的主要动词，它一般放在动词或状语之前，表示强调；"的"放在动词之后，表示动态。例如，"那本教材是1958年编写的"。第三类，"是"和"的"都表示语气，"的"永远在句尾，"是……的"的中间一般是形容词结构或动词结构，即"是……的"既可以用于形容词谓语句，也可以用于动词谓语句，如"他的死是比泰山还要重的"。齐沪扬、张秋杭（2005）把"是……的"句的句法功能归纳为表判断和表强调。

我们这里谈到的"是……的"句即是表示强调的，专门用来表述已然事件。"是……的"句是一种带"是……的"标志的动词谓语句。"是"经常出现在谓语前，有时也出现在主语前；"的"经常出现在句尾，有时也出现在谓语动词之后、宾语之前。"是……的"中间一般是状动短语、主谓短语或动词等。

六、思考题

1. 使用"是……的"句的典型情境是什么？
2. "是……的"句与带动态助词"了$_1$"的动词谓语句的主要区别有哪些？
3. 请为"是……的"句设计一种句型操练方法。

七、参考文献

方梅. 汉语对比焦点的句法表现手段[J]. 中国语文，1995（4）.

刘月华，潘文娱，故铧. 实用现代汉语语法（增订本）[M]. 北京：商务印书馆，2001.

木村英树."的"字句的句式语义及"的"字的功能扩展[J]. 中国语文，2003（4）.

牛秀兰. 关于"是…的"结构句的宾语位置问题[J]. 世界汉语教学，1991（3）.

齐沪扬，张秋杭."是……的"句研究述评[J]. 广播电视大学学报（哲学社会科学版），2005（4）.

张宝林."是……的"句的歧义现象分析[J]. 世界汉语教学，1994（1）.

赵淑华. 关于"是……的"句[J]. 语言教学与研究，1979（1）.

第十一节 "除了……（以外）"结构

一、教学要点

（一）核心语法意义

在口语中，"除了……（以外）"（包括介词"除/除了/除开/除去"与方位词"外/以外/之外"搭配而成的各种形式）中的"以外"可以省略。这一介词框架能表示两种不同的语义关系：一是排除"除了"以后的特殊人或事物，肯定谓语部分所涉及的人或事物，即排除式；二是"除了"的宾语所表示的人或事物也包括在后面的谓语所陈述的内容范围之内，即加合式。

（二）主要形式与典型例句

1. 排除式

除了……（以外），……都/全……

（1）除了他以外，大家都去看电影了。

2. 加合式

除了……（以外），……还/也……

（2）除了秋天以外，别的季节也很漂亮。

（3）她除了喜欢唱歌以外，还喜欢跳舞。

（三）典型情境

"除了……（以外）"结构的一般用法可以概括为两种语义关系和形式标志：如果说话人想表达排除的意图，可以选用后一小句含有"都""全"等关联词的句子，相当于英语的"except for X"，即排除式；如果说话人想表达加合的意图，可以选用后一小句含有"还""也"等关联词的句子，相当于英语的"besides X, Z"，即加合式。

如何在交际中选择关联词搭配来表达排除抑或加合关系是学生学习"除了……（以外）"结构时的难点，也应成为教学设计的重点，教师在教学中应凸显"除了……（以外）"结构使用时的典型情境。

（四）重点与难点

学习者在使用"除了……（以外）"结构欲表达前后对象在某方面相同或不同时，后一小句的关联词如何选择以及如何正确使用是教学中的重点与难点。教师应通过对排除式和加合式的操练，引导学生掌握"除了……（以外）"与后一小句的搭配，弄清楚"除了……（以外）"不同格式的语义，并通过设计综合性的活动，使学习者在实际情境中学会恰当运用该语法点。

（五）相关形式

加合式，"除了……（以外）"与"也""还"搭配是有一定区别的，具体如下：

1. 只能用"也"的情况

如果排除部分和后一部分的主语不同，那后一句只能用"也"，不能用"还"。例如：

（4）除了秋天以外，别的季节也很漂亮。

2. 可以互换的情况

如果排除部分和后一部分隶属于同一主语或话题，即两个小句的主语相同的情况下，两者在句法形式上是可以互换的，主语可以在前一小句，也可以在后一小句。例如：

（5）她除了喜欢唱歌以外，还/也喜欢跳舞。

（6）除了喜欢唱歌以外，她还/也喜欢跳舞。

但是它们在语义上有所不同：用"也"倾向于前后情况有类同之处，用"还"倾向于后面的内容是对前面的补充。

3. 只能用"还"的情况

一是明确地表示数量或种类上的添加关系时。例如：

（7）小组成员除了我以外，还有一位美国来的老师。

二是除了排除部分，别无其他时。从句法形式上看，后一小句一般是含有"还"的反问句。例如：

（8）除了照他说的做，我还能怎样？

二、教学步骤

（一）导入

为了充分体现"除了……（以外）"排除式和加合式的典型情境，我们建议采用情景法进行导入。

1. 排除式的导入

如果今天你的班里有缺勤的学生，那么教师可以这样问学生：今天我们班的同学都来上课了吗？谁没有来？大卫没有来，别的同学都来了，我们用一个句子怎么说呢？教师可以利用提前板书好的结构进行提示，引导学生说出目标句"除了大卫以外，别的同学都来了"，即例（1）。在这个句子中，在"来"这件事上，大卫和别的同学不一样，我们用排除式来排除特殊，强调一般，突出典型情境。

2. 加合式的导入

我们先看前后主语不同的情况。教师可以这样问学生：老师知道大卫很喜欢打网球，我们班还有同学喜欢打网球吗？这时学生会补充说出其他喜欢打网球的同学的名字，如玛丽，教师要顺势引导学生说出目标句"除了大卫以外，玛丽也喜欢打网球"，即例（5）。在这个句子中，玛丽和大卫是不同的主语，这时候我们只能用"也"来搭配。

另一种是前后两部分隶属于同一主语的情况。教师可以这样问学生：老师知道大卫喜欢打网球，他还喜欢什么运动呢？这时学生会做出诸如"他还喜欢踢足球"之类的回答，教师要顺势引导学生说出目标句"大卫除了喜欢打网球以外，还/也喜欢踢足球"，即例（9）。这里要清楚地向学生说明：在这种情况下，后一小句可以用"还"，也可以用"也"；主语可以在前一小句，也可以在后一小句，即我们可以说"大卫除了喜欢打网球以外，还/也喜欢踢足球"，也可以说"除了喜欢打网球以外，大卫还/也喜欢踢足球"，即例（13）。

（二）讲练

1. 排除式：除了……（以外），……都/全……

（1）除了大卫以外，别的同学都来了。

我们建议教师多利用本班学生共有的经历与背景知识来创设情境，这样更便于学生理解和语言输出。例如排除式的操练，教师可以利用班级具体情况或某次集体活动的情况问学生，并引导学生说出下列目标句：

（2）上次我们班谁没去长城？只有玛丽和金恩没去，别的同学都去长城了。怎么说？（目标句：除了玛丽和金恩以外，大家都去长城了。）

（3）你们都喜欢吃中国菜吗？别的同学都喜欢吃中国菜，只有谁不喜欢吃？（目标句：除了大卫以外，大家都喜欢吃中国菜。）

（4）我们班同学都是亚洲人吗？谁不是亚洲人？（目标句：除了大卫和汤姆以外，我们班同学都是亚洲人。）

2. 加合式

① 除了……（以外），……也……

（5）除了大卫以外，玛丽也喜欢打网球。

加合式的操练也可以利用班级具体情况或某次集体活动的情况创设情境进行。例如，教师可以问学生：大卫是哪国人？我们班只有大卫一个美国人吗？我们班汤姆每天都吃中国菜，还有谁每天都吃中国菜？山本去过故宫，还有谁去过？教师最终要引导学生说出以下目标句：

（6）除了大卫以外，汤姆也是美国人。

（7）除了汤姆以外，山本和金恩也每天都吃中国菜。

（8）除了山本以外，大卫也去过故宫。

② S＋除了……（以外），……还/也……

（9）大卫除了喜欢打网球以外，还/也喜欢踢足球。

教师同样可以通过创设情境进行该句式的操练。例如，教师可以这样问学生：金恩喜欢游泳，他还喜欢什么运动？我们一起去过长城，你还去过北京的什么地方？你除了喜欢吃中国菜以外，还喜欢吃哪国菜？教师最终要引导学生说出以下目标句：

（10）金恩除了喜欢游泳以外，还/也喜欢打网球。

（11）汤姆除了去过长城以外，还/也去过故宫和颐和园。

（12）山本除了喜欢吃中国菜以外，还/也喜欢吃日本菜和意大利菜。

③ 除了……（以外），S＋还/也……

这时主语可以放在"除了"之前，也可以放在"还/也"之前。例如：

（13）除了喜欢打网球以外，大卫还/也喜欢踢足球。

（14）除了喜欢游泳以外，金恩还/也喜欢打网球。

（15）除了去过长城以外，汤姆还/也去过故宫和颐和园。

（16）除了喜欢吃中国菜以外，山本还/也喜欢吃日本菜和意大利菜。

教师也可以采用直观法，让学生通过看图片进行操练。图片内容之间需要既包含相同点，又包含不同点。看图问答，可以教师问，学生答；也可以让学生相互问答。例如：

图片内容：大卫吃汉堡、面条儿，小王吃面条儿，玛丽吃汉堡、炒饭。

（17）大家都喜欢吃面条儿吗？（目标句：除了玛丽以外，大家都喜欢吃面条儿。）

（18）大家都喜欢吃汉堡吗？（目标句：除了小王以外，大家都喜欢吃汉堡。）

（19）大卫喜欢吃面条儿，还有谁喜欢吃？（目标句：除了大卫以外，小王也喜欢吃面条儿。）

（20）玛丽喜欢吃汉堡，还有谁喜欢吃？（目标句：除了玛丽以外，大卫也喜欢吃汉堡。）

（21）玛丽喜欢吃汉堡，她还喜欢吃什么？（目标句：玛丽除了喜欢吃汉堡以外，还喜欢吃炒饭。）

（22）大卫喜欢吃面条儿，他还喜欢吃什么？（目标句：大卫除了喜欢吃面条儿以外，还喜欢吃汉堡。）

（三）总结

教师要强调"除了……（以外）"与后一小句的搭配，即与"都/全"搭配表示排除义，与"还/也"搭配表示加合义，以及明确前后主语相同和不相同时该如何选择相应的关联词。

（四）课堂活动

任务：我们班同学的兴趣爱好

要求：请学生对班里其他同学进行调查，了解他们的兴趣爱好，例如喜欢/不喜欢吃什么，喜欢/不喜欢看什么电影，喜欢/不喜欢什么运动，喜欢/不喜欢看什么比赛，等等，并对调查情况进行记录，对调查结果进行分析归纳，最后用"除了……（以外）"这一结构汇报调查结果。

这是一个信息差任务，学生在真实的交际互动中可以用汉语获取自己所需要的信息，并用"除了……（以外）"这一结构整理信息，达到"做中学，用中学"的目的。

注意：在学生的表达过程中，教师要注意学生出现的各种典型性偏误，并及时给予反馈和纠正。

三、典型偏误分析

1. "副词"的遗漏类偏误

（1）*除了北京以外，我去过中国的很多城市。

正确句：除了北京以外，我还去过中国的很多城市。

说明：学生或因为不知道或因为回避，常出现因使用"除了……（以外）"但后一小句却漏用与之相对应的副词"都""也""还"而产生偏误。

2. 语序类偏误

（2）*除了游泳以外，都别的运动我喜欢。

正确句：除了游泳以外，别的运动我都喜欢。

说明：副词"都"要放在总括对象和动作发出者的后面，学生有时会将"都"放错位置。

（3）*除了大卫以外，也玛丽喜欢吃中国菜。

正确句：除了大卫以外，玛丽也喜欢吃中国菜。

说明：这是由于"也"的位置不当而产生的偏误，副词"也"要放在第二个主语的后面。

3. 结构类偏误

（4）*除了北京，以外我最喜欢上海。

正确句：除了北京以外，我最喜欢上海。

说明：这种结构类偏误也是学生常常出现的偏误类型，主要是受到学生母语负迁移的影响，因为"除了……（以外）"这种结构在很多语言中是用一个词来表达的。针对这种偏误，教师要向学生强调"除了"与"以外"处于同一小句中，不能被逗号隔开。

四、练习

（一）看图并用"除了……（以外）"将对话补充完整。

1. A：除了长城以外，他还去过哪儿？（图中有长城、故宫、颐和园）
   B：_____。

2. A：除了游泳以外，他还喜欢什么运动？（图中有游泳、打篮球、踢足球）
   B：_____。

3. A：除了苹果以外，桌子上还有什么水果？（图中桌子上有苹果、葡萄、橘子、香蕉）
   B：_____。

4. A：今天同学们都来上课了吗？（图中大卫座位空着）
   B：_____。

（二）听一听，并选择正确答案。

1. 除了游泳以外，他还会打篮球。（   ）
   A. 他只会游泳　　　　　　　B. 他不会游泳
   C. 他会游泳和打篮球　　　　D. 他只会打篮球

2. 除了北京以外，中国别的地方他都没去过。（   ）
   A. 他只去过北京　　　　　　B. 中国别的地方他都去过
   C. 所有的地方他都没去过　　D. 他没去过北京

3. 除了大卫以外，我们班的同学都喜欢喝茶。（   ）
   A. 我们班都不喜欢喝茶　　　B. 只有大卫喜欢喝茶
   C. 我们班都喜欢喝茶　　　　D. 只有大卫不喜欢喝茶

4. 除了大卫以外，玛丽也不喜欢唱歌。（   ）
   A. 只有玛丽不喜欢唱歌　　　B. 大卫和玛丽都不喜欢唱歌
   C. 只有大卫喜欢唱歌　　　　D. 大卫和玛丽都喜欢唱歌

五、知识链接

郑懿德、陈亚川（1994）从对外汉语教学和汉、英两种语言对比中提出问题，辨析了汉语"除了……（以外）"结构的用法。首先，把"除了……（以外）"结构的一般用法概括为两种语义关系和形式标志，即排除式和加合式两种典型形式标志句。然后着重讨论这两种典型形式标志句的变异现象——或者说是有条件的特殊用法：后一小句为否定式的加合式，表达排除关系的语义；问句排除式表达加合关系的语义；对立形式标志"也""都"连用表达加合关系的语义，"都""还"连用表达排除关系的语义；其他形式标志句；无明显标志句。

肖奚强（1996）认为："还/也"和"都/全"与"除了……（以外）"配合使用，不仅有语义上的差异，还有句法功能上的区别，即"除了……（以外）"这一结构给予"还/也"和"都/全"的机会不是均等的。当"除了"的宾语对应于主句的谓语、宾语或单数主语时，只能用"还/也"表加合关系，不能用"都/全"表排除关系；只有当"除了"的宾语对应于主句的复数主语时，"还/也"与"都/全"才可依表达的需要自由使用。

六、思考题

1. 对于学生输出的偏误句"除了一个同学以外，大家上课"，我们应该如何纠偏？
2. 请就"除了……（以外）"结构设计一个交际活动。

七、参考文献

宋海燕."除了……还……"和"除了……也……"的句法语义对比[J].现代语文(语言研究版),2015(6).

肖奚强.略论"除了……以外"与"都"、"还"的搭配规则[J].南京师大学报(社会科学版),1996(2).

殷志平."除了…以外"的语义辨析——与郑懿德、陈亚川两位先生商榷[J].汉语学习,1999(2).

赵燕皎."除了……还……"和"除了……也……"[G]//赵燕皎,李晓琪.北大海外教育(第3辑).北京:华语教学出版社,2000.

郑懿德,陈亚川."除了…以外"用法研究[J].中国语文,1994(1).

朱峰.介词框架"除了……以外"考察[D].上海:上海师范大学硕士学位论文,2006.

第十二节 "一……就……"结构

一、教学要点

（一）核心语法意义

"一……就……"结构的核心语法意义是两个动作或情况在时间上紧接着发生，又可细分为以下三种：

1. 表示两个动作或情况紧接着发生

（1）他一下课就去吃饭了。
（2）他一回家，妈妈就让他做作业。

2. 两个动作或情况紧接着发生并存在一定的规律

（3）他一感冒就咳嗽。
（4）一到春节，人们就纷纷回家过年。

3. 一旦出现第一个动作或情况，就很容易实现第二个动作或情况

（5）这个汉字很简单，同学们一学就会。
（6）这位老师讲得很清楚，大家一听就懂。

（二）主要形式与典型例句

"一……就……"结构构成的句子可以是同一个主语，也可以是两个不同的主语。具体如下：

1. 肯定式

① S + 一 + VP$_1$ + 就 + VP$_2$ / 一 + VP$_1$ + S + 就 + VP$_2$

（7）我一到北京就给妈妈打电话。

（8）一到北京我就给妈妈打电话。

或者：S$_1$ + 一 + VP$_1$，S$_2$ + 就 + VP$_2$

（9）我一到北京，朋友就请我吃了一顿饭。

当两个谓语部分的主语为同一个时，主语可以在"一"之前，也可以在"就"之前；而当两个主语不同时，它们应分别位于"一"和"就"之前。

注意：VP$_1$和VP$_2$表示谓词性成分，一般为动词性的，也可以是形容词性的，下同。

② S + 一 + VP$_1$ + 就 + VP$_2$ / 一 + VP$_1$ + S + 就 + VP$_2$

（10）我一吃辣的就拉肚子。

（11）一吃辣的我就拉肚子。

或者：S$_1$ + 一 + VP$_1$，S$_2$ + 就 + VP$_2$

（12）他一喝酒，肚子就不舒服。

形式②与①相同，但因为表示某种规律，所以一般不会出现表示完成的"了"，但可以出现表示变化的"了"。

③ S + 一 + V$_1$ + 就 + V$_2$

（13）（这个问题太简单了，）我一看就懂。

该结构中"一""就"后为单个动词。

2. 否定式

表示上述①②两种意义时，"就"之后的谓语部分可以有否定式；而表示意义③时，谓语部分是没有否定式的。例如：

① S$_1$ + 一 + VP$_1$，S$_2$ + 就 + 不 + VP$_2$

（14）妈妈一进门，孩子就不哭了。

② S + 一 + VP$_1$ + 就 + 不 + VP$_2$

（15）这儿一到秋天就不下雨了。

同样，如果前后小句主语相同，主语可以放在句首，也可以放在"就"之前。因为这样的用例较少，所以在初级阶段我们不将之作为语法讲练的重点。

（三）典型情境

① 用于描述两个紧接着做的事或紧接着发生的情况。教师可以请学生叙述某一天的行动，既可以叙述过去发生的，也可以叙述将来要发生的。例如，"我们一到西安就去参观了兵马俑""今天我一下课就要去机场接朋友"。

② 用于描述或说明某事或某人的特点，句中常有"每天""每年""当""常""往往"等词语。教师可以让学生介绍一下自己或同学的性格、习惯等，例如"他晚上一吃完饭就看书""我一到放假就出去旅行""他一上课就睡觉"。

③ 用于说明某事易于实现或完成。例如，"他是个聪明人，一学就会"。

（四）重点与难点

① 这一结构的核心语法意义可以细分为三种情况，教师在举例和操练时要注意引导学生仔细体会。

② 主语的位置总是在"一"或者"就"之前。当主语相同时，主语可以放在"一"之前，也可以放在"就"之前。当主语不同时，主语应分别位于"一"和"就"之前。

③ 注意区分相关形式："一"+单个感官动词。

（五）相关形式

和"一……就……"相关的副词是"马上"。在语义上，它们有相近的地方，都表示动作发生得迅速。特别是在表示两个动作紧接着发生时，"一……就……"句都可以变换为用"马上"的句子。例如：

（16）a. 我一到家就给你打电话。
　　　b. 我到了家马上给你打电话。

但受句式的限制，用"马上"的句子不一定能变换为"一……就……"句。例如：

（17）我马上出发。

该句只有一个动词，语义上没有"一"后所连接的前提条件，所以无法变换为"一……就……"句。

此外，当"一……就……"句表示两个谓词性成分间有一定的规律时，它也不一定能变换成用"马上"的句子。例如：

（18）a. 一到冬天，他就容易感冒。
　　　b.？他到了冬天马上容易感冒。
（19）a. 他一看英语书，就头疼。
　　　b.？他看英语书马上头疼。

在初级阶段的汉语教学中，我们可以直接告诉学生当表示规律性的情况时，一般用"一……就……"句。

二、教学步骤

（一）导入

教师根据课堂情境，引导学生说出两个紧接着发生的动作，可以先单纯地从紧接着的动作说起。例如：

教师：已经八点了，还有时间吃早饭吗？
学生：没有时间了。
教师：老师进教室以后马上做什么？
学生：老师进教室以后马上上课。

此时教师可以告诉学生同样的意思可以用上"一……就……"结构：

教师：老师一进教室就开始上课。

教师继续创设情境，并提问学生：

教师：下课时我非常饿，所以下课以后我马上去吃饭，可以怎么说？

学生：我一下课就去吃饭。

教师通过上述情境问答，可以让学生初步体会这一结构所表达的"两个动作紧接着发生"的核心语法意义。

（二）讲练

1. S + 一 + VP_1 + 就 + VP_2 / 一 + VP_1 + S + 就 + VP_2

① 语义上两个动作紧接着发生

教师引导学生说出"我一下课就去吃饭"的句子后，再请学生们说一说自己下课后要做的事。例如：

（1）我一下课就去找朋友。

（2）我一下课就回宿舍。

（3）我一下课就去商店。

教师总结句法结构，并指出主语可以在"一"之前，也可以在"就"之前。

上述例句都表示将来要发生的事，教师可以通过提问让学生回忆前一天下课后都做了什么，并练习主语放在"就"之前的形式。例如：

（4）昨天，一下课我就去坐地铁了。你呢？

（5）昨天，一下课我就回家了。

（6）一下课我就回宿舍了。

（7）一下课我就去买东西了。

注意：此时句末一定要有一个表示完成的"了"。

② 语义上两个动作之间存在一定的规律

教师可以给出情境，让学生用"一……就……"结构说出来。例如：

（8）他每次喝了酒就脸红。（目标句：他一喝酒就脸红。）

（9）我每次感冒都会咳嗽。（目标句：我一感冒就咳嗽。）

（10）下雨天他的腿会疼。（目标句：一下雨，他的腿就疼。）

教师可以询问学生有没有类似的情况，启发他们说出自己的句子。

2. S_1 + 一 + VP_1，S_2 + 就 + VP_2

这一句式中"一"和"就"之前分别有不同的主语。教师可以先给出这一句型，并给出具体情境，让学生用"一……就……"结构说句子。例如：

（11）我们班的同学都很认真很聪明。——

目标句：老师一讲，我们就明白了。

老师一教，我们就学会了。

（12）父母对我很关心。——

目标句：我一到家，他们就给我准备很多好吃的。

一到放假，父母就来中国看我。

3. 在熟悉句型的基础上练习

① 教师给出情境或前半句，学生完成句子

a. 朋友一来北京，我就……

b. 这学期一结束，我就……

c. 我不能喝酒，我……

d. 他不喜欢看书，他……

e. 这个语法太容易了，我们……

f. 他们真聪明，……

② 在句中合适的位置填入"一"和"就"

a. 妈妈批评她她哭了。

b. 我上飞机看到一位老朋友。

c. 爸爸到家我们开始吃晚饭。

d. 我做完作业跟朋友出去玩儿。

e. 到周末他们去郊外爬山。

（三）总结

"一……就……"结构的核心语法意义是表示两个动作紧接着发生，这一结构在三种情境下可以使用，分别为：表示两个动作紧接着发生；由某一个动作引起某种行为习惯；在某种情况下，很容易出现另一种情况。因此，"一……就……"结构的教学应以肯定式为主。

（四）课堂活动

任务：动作接龙

要求：每个学生说一个含有"一……就……"结构的句子，第一个学生说完后，第二个学生以第一个学生的第二个动作为开始，接着说出下一个句子，依此类推。学生可以分小组进行，最后看哪个小组接出来的句子多。每个句子应合乎语法，合乎情理。

注意：在学生的表达过程中，教师要注意学生出现的各种典型性偏误，并及时给予反馈和纠正。

三、典型偏误分析

1. 副词的遗漏类偏误

（1）*这些文物又漂亮又新奇，一看到它们我很感动。

正确句：……，一看到它们我就很感动。

说明：句中遗漏了副词"就"。

2. 语序类偏误

（2）*一学期完了，我们就想去中国旅行。

正确句：学期一完，我们就想去中国旅行。

说明：主语"学期"应该在"一"之前，而不是之后。

（3）*你一说，就我明白了。

正确句：你一说，我就明白了。

说明："就"作为副词，应该位于主语之后、谓语动词之前。

四、练习

（一）请用"一……就……"结构将下列对话补充完整：

1. A：你下课以后做什么？
   B：_____。

2. A：周末你常做什么？
   B：_____。

3. A：我喜欢吃辣的菜，你呢？
   B：我不能吃辣的，因为_____。

4. A：这个语法难不难？
   B：一点儿也不难，_____。

（二）请在句中合适的位置填入"一"和"就"：

1. 他下课去健身房运动了。
2. 我喝酒脸红。
3. 我叫他他来了。
4. 这个问题老师讲我明白了。
5. 天气冷他容易感冒。
6. 我到家给你打电话。

五、知识链接

根据以往的研究，"一……就……"结构除可以细分为上文所述的三种意义以外，还表示"动作—程度"义，例如："我们一聊就聊了一宿""他一睡就睡了一天一夜"。这两个例句中前后两个动词相同，"就"后的部分表达动作所达到的程度，一般包含数量结构。基于从简入难、循序渐进的教学考虑，这一意义可以放在中高级阶段进行教学。还有学者认为"一……就……"结构中省略了中间项，在这里我们暂不采用这一看法。

六、思考题

1. 在教学中如何导入"一……就……"结构？
2. "一……就……"结构和副词"马上"有什么不同？

七、参考文献

吕叔湘.现代汉语八百词（增订本）[M].北京：商务印书馆，1999.

王光全.也论"一X就Y"结构[J].汉语学报，2005（3）.

王弘宇.说"一A就C"[J].中国语文，2001（2）.

苑艳艳."一……就……"格式的偏误分析及教学策略[J].云南师范大学学报（对外汉语教学与研究版），2008（5）.

苑艳艳.现代汉语"一……就……"句式探究及在教学中的应用[D].济南：山东大学硕士学位论文，2008.

周洋."一……就……"句式偏误研究[J].海外华文教育，2017（8）.

第十三节 "正在……（+呢）"结构

一、教学要点

（一）核心语法意义

"正在……（+呢）"结构表示在某个参照时间，某动作在进行中或某状态在持续中。

（二）主要形式与典型例句

S + 正在 + VP（+呢）

（1）我们正在上课（呢）。
（2）当时我和朋友正在聊天儿（呢）。
（3）我们从医院出来的时候外边正在下雨（呢）。

注意：该形式前常出现表达时间的语句，如例（2）（3）中的"当时""我们从医院出来的时候"。

（三）典型情境

"正在"用在谓词性词语前，既表示动作进行的状态，也表示动作进行的时刻。说话人使用"正在"，表示动作恰在某一时刻进行着或状态恰在某一时刻持续着。"某一时刻"是参照时间（通常是时点而非时段），可以是现在、过去或将来的某个时点，"正在"强调动作行为进行的状态与参照时间点的契合。例如：

（4）我们正在上课。

"正在"强调在说话的这个时间点，"上课"这个动作在进行。

（5）我们从医院出来的时候外边正在下雨。

"正在"强调在我们从医院出来的这个时间点，"下雨"的状态在持续。

随着参照时间的变化，"正在"可以表示"现在正在进行"，也可以表示"过去正在进行"或"将来正在进行"。不过，"正在"与表示将来的参照时间共现表达将来某个时刻正在进行的情况比较少见。我们在初级阶段的语法教学中应主要教给学生典型用法，所以要重点关注"正在"表示"现在正在进行"和"过去正在进行"的用法。

语气词"呢"经常与"正在"配合使用，含有较强的提请注意的语气，多在对话语境中出现。例如：

（6）孩子们正在家里开party呢，特邀你做嘉宾，快点儿回来吧！

（7）你现在千万不要去见妈妈，她正在伤心呢！看见你，一定会生气的。

（8）你别再给我打电话了，我正在上课呢！

（四）重点与难点

在汉语中，"正""在"和"正在"都可以表示"动作进行或状态持续"，但这三个词的意义和用法并不完全相同，学生有时候不知道该用哪个。因此，在教"正在"时，如何设计典型情境，通过典型例句让学生准确掌握"正在"的核心语义特征，便成了教师在进行教学设计时需要重点考虑的问题。

（五）相关形式

副词"正""在"和"正在"都可以表示"动作的进行"或"状态的持续"，意义非常相近，学生容易混淆。三者的差异主要表现在：

① "正在"和"正"强调动作的正在进行，具有"点"的特点；而

第十三节 "正在……（+呢）"结构

"在"强调动作的持续，具有"段"的特点。

"正在"和"正"前虽然也能出现"最近""这些日子""这几天"等表示时段的词语，但二者更倾向于与表示时点的时间词共现；"在"则常常与表示时段的时间词共现。

② "在"前经常出现副词"仍然""一直""还""总（是）""常常"等，这些副词多含有延续义或频度义；而"正在"和"正"一般不受这类副词修饰。例如：

（9）a. 雨一直在下。
　　　b. *雨一直正在下。
　　　c. *雨一直正下。

③ "正在"和"在"可以修饰光杆动词，"正"一般不能修饰光杆动词。例如：

（10）a. 我正在看。
　　　b. 我在看。
　　　c. *我正看。

④ 用"正"的句子常常不能独立成句，需要有相关的句子伴随出现或加语气词"呢"成句。例如：

（11）a. *我们正上课。
　　　b. 我们正上课呢。
　　　c. 我们正上课，校长进来了。

⑤ 当谓语里用了"在……"的介词结构做状语或补语时，一般用"正"来表示动作正在进行和持续，不用"在"或"正在"。例如：

（12）他进门时，我的朋友正躺在床上休息。

（13）他正在北京语言大学学习汉语。

二、教学步骤

（一）句型1：S + 正在 + VP（+ 呢）

1. 导入

"正在"可以表示说话的这个时刻正在进行的动作，并且强调与参照时间点的契合，所以教师在导入时最好选用能够凸显这一特点的情境。例如，正在上课时，教师可以突然这样对学生说："现在请你们去外边跑1000米再回来。"学生一定会很诧异地问："现在？"这时教师就可以接着问"现在我们正在做什么？"，从而引出目标句：

（1）a. 现在我们正在上课。

b. 现在我们正在上课呢。（"呢"含有提请注意的语气）

2. 讲练

在上面的导入环节，教师有意凸显了"现在"（说话的这个时刻）这个词，是希望学生能够通过这样的问答领悟到"正在"要强调的是说话的这个时间和"上课"这件事在时间上的契合。

在这里，教师可以告诉学生："正在"句的句尾可以带语气词"呢"，也可以不带；"呢"含有提请注意的语气，带上"呢"之后，例句（1）b便有了说话人提醒老师注意"我们正在上课"这一情况的意味。

教师可以再给学生提供一个类似的例子以加深他们的印象。例如，如果学生正在上口语课，教师可以故意问学生："今天没有口语课吧？"学生一定会吃惊地看着教师，争先恐后地说："有啊！我们正在上口语课（呢）。"通过这样的例子，学生可以再一次体会"正在"强调的内容，即说话的时间和动作进行时间的契合。

接下来，教师需要多给学生提供一些这样的情境进行操练，让学生领会之后通过练习能够较自如地运用。教师可以像上面两例一样，故意问一些看似智商"不在线"的问题，也可以利用图片设置情境。例如，教师出示下图13-1，问学生"要是她的孩子现在说'妈！我好饿！有什么吃的吗？'，她会怎么说？"等。

图13-1

（二）句型2：（含参照时间的词语/小句，）S + 正在 + VP（+ 呢）

1. 导入

"表示说话的这个时刻正在进行"这个用法操练完成之后，教师就可以转入"表示过去某个时刻正在进行"这一用法的学习了。教师依然可以通过图片的方式导入。例如，请学生看下面两张图，问他们"她给爸爸打电话的时候，爸爸正在做什么？"，从而引出目标句：

（2）她给爸爸打电话的时候，爸爸正在做饭（呢）。

图13-2 　　　　　　　　图13-3

2. 讲练

教师要提醒学生注意"正在"此时强调的不是"现在"在做饭，而是"她打电话的时候"在做饭，是"做饭"和"打电话"这两个已经过去的动作在时间点上的契合。

接下来教师可以继续采用看图问答的方式操练这种用法。例如：教师可以出示相应的图片，问学生"她进教室的时候，同学们正在做什

么?""他敲门的时候,小明正在做什么?"等,引导学生说出下面的目标句:

(3)她进教室的时候,同学们正在上课(呢)。
(4)他敲门的时候,小明正在写作业(呢)。

(三)总结

"正在"表示在说话时间或某个参照时间正在进行的动作或者正在持续的状态,强调动作行为进行的状态与参照时间点的契合。"正在"后的动词可以是光杆动词,也可以是动词短语。句末"呢"与"正在"配合使用时,常带有提请注意的语气。

(四)课堂活动

任务:看图说话

要求:① 每个学生一张图片,图片上是各种正在进行的动作,学生要用"正在"将图片内容描述出来。

② 学生两人一组,每组选择两人手中的某一张图片,准备一个简短的对话,练习"表示说话时间正在进行"的"正在"句。例如:

(5) A:你现在忙吗?能不能陪我去看电影?
　　　B:我正在做作业,没时间,你找别人吧。

③ 学生利用两人手中剩下的另一张图片,编一个六句话以内的简短故事,练习"表示过去某个时间正在进行"的"正在"句。例如:

(6)昨天下午五点左右,我去商店买东西,在路上看见了小明,他正在等公共汽车……

注意:在学生的表达过程中,教师要注意学生出现的各种典型性偏误,并及时给予反馈和纠正。

三、典型偏误分析

1. 成分误用类偏误

（1）*他正在死。

正确句：他快死了。/他就要死了。

说明："正在＋VP（＋呢）"强调动作的进行，其所修饰的动作行为一般具有过程特征。"死"是瞬间动词，动作在瞬间发生并完成，不具备过程特征，不能用在"正在"句中。

2. "在"和"正在"的混淆类偏误

（2）*他一直正在学习汉语。

正确句：他一直在学习汉语。

说明：该偏误句混淆了"在"和"正在"的使用。副词"在"可以受"一直"等表示持续或重复的副词修饰，但是"正在"不可以。

四、练习

（一）请用"正在"完成以下句子：

1. A：今天的作业你做完了吗？
   B：_____。
2. 请等一下，经理_____，开完会后马上见您！
3. 昨天晚上宿舍突然停电了，当时我_____。
4. 我走进宿舍时，_____。

（二）填空："正在""正"还是"在"？

1. 姐姐是去年九月结婚的，当时我（   ）在国外留学，没去参加姐姐的婚礼。

2. 我看完电影回到宿舍，同屋还（　　　）睡觉，他已经睡了快12个小时了！

3. A：那本书你看了吗？写得不错。

　B：（　　　）看。

4. 孩子每天都（　　　）长大，每天都有变化。

五、知识链接

《现代汉语八百词》（吕叔湘，1999）指出，"正""在""正在"表示动作进行或状态持续的意思基本相同，"正"着重指时间，"在"着重指状态，"正在"既指时间又指状态。潘文娱（1980）、肖奚强（2002）、陈晓桦（2007）、贾改琴（2015）等对此有更深入的探讨，他们的主要观点如下：

"正"的主要功能是表达被修饰的动作发生的时间位置，体现两事件发生的同时性，因此"正+VP"是非自足性语句，一般需要另一相关语句为其提供参照时位，并提供与主要事件同时发生的另一事件。"在"更强调某种状态的存在和持续，因而受"在"修饰的谓语部分一般含有"存续"语义，"在+VP"也常常与表示时段的时间词共现，"在"前也可以受含有延续义或频度义的副词（如"一直""永远""还""又"等）修饰。"正在"既表示动作进行的时刻，也表示动作进行的状态。因此，不具动作性或动作性不强或不含"进行"义的动词，都不能受它修饰，如关系动词（"是""有""属于"等）、某些瞬间动词等。

另外，有研究指出，"正在+VP"也常用作定语，且其用作定语的能力强于"在+VP"和"正+VP"。（张亚军，2002；肖奚强，2002；陈晓桦，2007）。

六、思考题

1. 请说说下面三个句子的异同：
   （1）我在上课。
   （2）我正在上课。
   （3）我正上课呢。
2. 你会用什么方式导入"正在"句？说说你选择这种方式的原因。

七、参考文献

陈晓桦."在、正、正在、呢"的语义特征、句法功能及其教学次序[J].语言与翻译，2007（1）.

龚琼芳."正（在）VP1，VP2"式时间复句[J].汉语学报，2018（4）.

贾改琴.时间副词"正、在、正在"的形式语义分析[J].贵州工程应用技术学院学报，2015（2）.

吕叔湘.现代汉语八百词（增订本）[M].北京：商务印书馆，1999.

潘文娱.谈谈"正""在"和"正在"[J].语言教学与研究，1980（1）.

肖奚强."正（在）"、"在"与"着"功能比较研究[J].语言研究，2002（4）.

杨丽姣，刘亚丽，肖航.汉语动词的时间特征对其进行体的约束和影响[J].红河学院学报，2009（1）.

张亚军.时间副词"正"、"正在"、"在"及其虚化过程考察[J].上海师范大学学报（哲学社会科学版），2002（1）.

第十四节 "又……又……"结构

一、教学要点

（一）核心语法意义

"又……又……"表示两种或两种以上的动作、性质、状态、特点等同时进行或存在。

（二）主要形式与典型例句

1. S + 又 + VP$_1$ + 又 + VP$_2$

（1）他们又唱又跳，开心极了。

2. S + 又 + AP$_1$ + 又 + AP$_2$

（2）这个小女孩儿又聪明又可爱。

"又……又……"结构的典型形式为两个"又"同现。"又"之后既可以连接动词性成分，也可以连接形容词性成分。

（三）典型情境

当说明某人或某事物具有两种或两种以上的性质、状态、特点时，我们可以使用"又……又……"结构。

（四）重点与难点

① "又……又……"连接的动词多为单个动词，即使是动词结构，

也以动宾式为主,且动词前不能有修饰语,即不能为偏正式。例如:

（3）他们整天聚在一起,又哭又笑的。（单个动词）

（4）年轻人又唱歌又跳舞,好不热闹。（动宾结构）

（5）*年轻人又高兴地唱歌又欢快地跳舞,好不热闹。（动词部分不能为偏正结构）

② "又……又……"连接形容词时,形容词在语义上具有相同的情感特征,即同为褒义的或同为贬义的;在形式上前后不能添加"很""比较"等副词或"得"引导的补语。例如:

（6）这个姑娘又聪明又能干。

（7）那间屋子又脏又乱。

③ 连接动词性成分时,"又……又……"结构具有强烈的主观色彩,一般后面会带有表主观性评价或总结的语句。若没有总结类的语句,会让人觉得语义不够完整。例如:

（8）他在北京又学习又工作,忙极了。

（9）？他在北京又学习又工作。

此外,"又……又……"结构连接动词时,强调两个动词并存,且动作之间没有主次之分。例如:

（10）他又踢又打,大伙儿怎么拉都拉不住。

（五）相关形式

"又……又……"与相关形式"既……又……"用法基本相同,其区别主要表现在:

第一,从语义上看,如果要强调事物的各个方面,用"既……又……";如果要综合描述一个事物,并不打算强调各个方面,用"又……又……"。

第二,从语用上看,"又……又……"口语色彩比较浓厚,"既……又……"主要用于说明性、议论性的书面语体中。

二、教学步骤

（一）导入

教师可以给出某个人或某个地方的特点，然后通过问答的方式，引导学生说出含有这一结构的句子。例如，教师可以问："我们班的同学聪明吗？努力吗？"学生会回答："很聪明，很努力。"这时，教师就可以用这一结构说出目标句"我们班的同学又聪明又努力"。同理，教师也可以展示颐和园的图片，引导学生说出目标句"颐和园又大又漂亮"。

（1）我们班的同学很聪明也很努力。→我们班的同学又聪明又努力。

（2）颐和园很大，也很漂亮。→颐和园又大又漂亮。

（二）讲练

1. S + 又 + AP_1 + 又 + AP_2

在导入上述目标句后，教师可以联系学生的实际情况或者提供图片等，引导学生进行练习。例如：

（3）教师：我们的班长很努力，也很热心。我们可以说——

学生：我们的班长又努力又热心。

（4）教师：这个校园干净吗？漂亮吗？

学生：这个校园又干净又漂亮。

（5）（展示一个房间的图片，很脏，很乱）

教师：这个房间好久没打扫了，它脏吗？乱吗？

学生：这个房间又脏又乱。

"又……又……"结构连接形容词时还可以在"得"后做补语，结构格式为：N + V + 得 + 又 + AP_1 + 又 + AP_2。教师同样可以用问答的形式引导学生说出含这一结构格式的句子。例如：

（6）教师：小王的作业半小时就做好了，都做对了。

小王的作业做得怎么样？

　　　　　学生：小王的作业做得又快又好。
　（7）教师：玛丽的汉字写得很整齐，也很好看。
　　　　　　　玛丽的汉字写得怎么样？
　　　　　学生：玛丽的汉字写得又整齐又好看。

注意：在说带有这一结构的句子时，形容词前不能加程度副词"很""非常""特别"等，而且两个形容词的感情色彩应当是一致的。

2. S + 又 + VP$_1$ + 又 + VP$_2$

"又……又……"结构还可以连接动词性成分。需要注意的是，此时句末往往会带有一句表示评价或总结的话语，否则句子就不够完整。例如：

（8）晚会上大家又唱又跳，热闹极了。
（9）小狗又跑又叫，十分开心。

在操练这一结构时，我们建议教师给出后面的一部分，由学生来补足"又"所连接的部分，或者进行相反的练习。例如：

（10）聚会时大家又__又__，特别高兴。（又说又笑、又唱又跳）
（11）妈妈每天又__又__，忙极了。（又工作又照顾孩子）
（12）我每天又能学习汉语又能见朋友，____。（开心极了）

（三）总结

① "又……又……"结构可以连接单个形容词，但形容词前不能有副词修饰，形容词后也不能有补语。

② "又……又……"结构可以连接动词性成分，但所连接的动词性成分一般为单个动词或动宾结构，不能为偏正结构。

（四）课堂活动

任务：介绍×××

要求：教师提前准备一些人名、地名、食品名、日常用品名等，注意都要是学生熟悉的、有话可说的，让学生用"又……又……"结构进行描述；也可以将学生分组，一组学生负责给出名词性成分，另一组学生负责用"又……又……"结构进行描述，然后交换，看看哪一组说得又快又好。

注意：在学生的表达过程中，教师要注意学生出现的各种典型性偏误，并及时给予反馈和纠正。

三、典型偏误分析

1. 副词误加类偏误

（1）*他又很高又很帅。

正确句：他又高又帅。

说明："又……又……"结构中的形容词之前不能出现程度副词"很""比较"等。

2. 补语误加类偏误

（2）*我又说得很快又说得很好。

正确句：我说得又快又好。

说明："又……又……"连接形容词性成分时，形容词应当为单个形容词，且形容词之后不能加补语。

3. 状语误加类偏误

（3）*他又高兴地唱歌又热情地跳舞。

正确句：他又唱歌又跳舞，高兴极了。

说明："又……又……"连接动词性成分时，动词前不能加修饰性成分。

4. 形容词误用类偏误

（4）*这件衣服又好看又贵。

第十四节 "又……又……"结构

正确句：这件衣服很好看，不过太贵了。/这件衣服又好看又便宜。

说明："好看"为褒义的，"贵"为贬义的，两者的感情色彩不一样，而"又……又……"结构中的形容词感情色彩应该一致。

四、练习

（一）用"又……又……"完成下列句子：

1. 我的同学_____。
2. 我的房间_____。
3. 这件衣服_____。
4. 在生日晚会上，我们_____，开心极了。
5. 在飞机上，有个孩子_____，我们都不能好好休息。

五、知识链接

"一边……一边……"与"又……又……"都可以连接动词性成分。"又……又……"在连接动词性成分时，具有强烈的主观色彩，后面一般带有主观性的评价或总结；而"一边……一边……"在连接动词时所表达的主观性就没有那么强烈，语感上更倾向于客观地介绍事实或平实地陈述，后面不用评价性的话语。

六、思考题

1. "又……又……"连接什么样的动词性成分？所在的句子有什么特点？
2. "又……又……"连接形容词性成分时如何进行讲练？

七、参考文献

高欣. 对外汉语教学"一边……一边……"与"又……又……"语法点的辨析[J]. 现代语文（语言研究版），2016（2）.

林晓恒. 关于"又…又…"结构形容词的数量语义限制[J]. 沈阳师范大学学报（社会科学版），2006（1）.

吕叔湘. 现代汉语八百词（增订本）[M]. 北京：商务印书馆，1999.

姚云. 浅析"既……又……""又……又……"的异同[J]. 兰州教育学院学报，2012（1）.

第十五节 "一边……一边……"结构

一、教学要点

（一）核心语法意义

"一边……一边……"结构表示两个动作同时发生或进行。

（二）主要形式与典型例句

S + 一边 + VP_1，一边 + VP_2

（1）他们一边跑一边跳。

（2）他一边在公司上班，一边准备英语考试。

"一边……一边……"结构的典型形式是两个"一边"同现，也有单用或多用的情况。"一边"之后连接的动词性成分，可以是单个动词，也可以是动词性短语。

（三）典型情境

"一边……一边……"结构通常用于描述两个或两个以上的动作同时进行。

（四）重点与难点

"一边……一边……"结构中所连接的动词性成分，前一个一般为主要动作，后一个为伴随性动作；两个动作还可以具有一定的相关性，即表示顺承或因果关系。例如：

（3）他一边走路，一边唱歌。（伴随）

（4）学习汉语时，我们要一边听，一边说，一边读，一边写。（顺承）

（5）他一边看着小时候的照片，一边回想起了自己父母。（因果）

在教学中，我们应以伴随和顺承两种关系为主。因果关系可以作为教师的知识储备，但在教学中不作为重点。

（五）相关形式

"一边……一边……"与"一面……一面……"用法基本相同，但在语体色彩上，后者更倾向于书面语。而且，"一边……一边……"可以紧缩为"边……边……"，"一面……一面……"则不可以。

二、教学步骤

（一）导入

教师可以利用课堂实际情境引出含有这一结构的句子。例如在课堂上，教师可以做"一边说课文，一边在黑板上写汉字"的动作，问学生："老师在做什么？"学生答："老师说课文，写汉字。"教师由此引出例（1），再请学生齐说或单说。依此类推，教师再用情景导入法引导学生说出例（2）。

（1）上课的时候，老师一边说，一边写。

（2）上课的时候，同学们一边听，一边说，一边记。

（二）讲练

导入例（1）（2）后，教师要顺势总结出"一边……一边"的结构形式，即"S + 一边 + VP$_1$，一边 + VP$_2$"。然后，教师可以结合课堂上的实际情境，或给出图片、视频等，引导学生说出含有这一结构的句子。例如：

（3）上课时，大卫一边听录音，一边回答问题。
（4）在食堂，我一边吃，一边和朋友聊天儿。
（5）在健身房，他一边跑步，一边听音乐。
（6）在路上，我一边走，一边给朋友打电话。

注意：这一结构没有相应的否定式。

（三）总结

"一边……一边……"所连接的动作的主语总是在句首。一般来说，两个动作在语义上为伴随关系，也有一些是顺承关系，虽然不是绝对同时发生的，但有紧密的联系，在一个大的时间框架内，可以看作同时发生的。例如，"我一边听，一边读，一边说，一边写"或者"他在北京一边工作，一边学习汉语"。

（四）课堂活动

任务：边做边说

要求：教师设计一组卡片，每张卡片上有两个或者两个以上的动作。学生分为两组，一组按卡片上的要求做动作，一组说出含有"一边……一边……"结构的句子，然后交换。为了提高学生的参与积极性，教师可以采用小组比赛的形式。教师在操练时多结合学生的实际情况，会使课堂教学更加生动，学生更有兴趣。

注意：在学生的表达过程中，教师要注意学生出现的各种典型性偏误，并及时给予反馈和纠正。

三、典型偏误分析

1. 主语语序类偏误

（1）*一边我看书，一边听音乐。

正确句：我一边看书，一边听音乐。

说明：动作的发出者应该在"一边"之前而不是之后。

（2）*一边我们听，一边我们写。

正确句：我们一边听，一边写。

说明：主语在第一个"一边"之前，且只需要出现一次。

2. 动词误用类偏误

（3）*那个孩子一边哭一边笑。

正确句：那个孩子又哭又笑。

说明：两个动作应该为可以同时进行的。

四、练习

（一）用"一边……一边……"完成下列句子：

1. 上课的时候，老师_____，_____。
2. 吃饭的时候，我_____，_____。
3. 下课了，我_____，_____。
4. 他晚上常常_____，_____。

五、知识链接

> 从顺序上看，"一边……一边……"结构所连接的两个动词性成分有时可以互换，有时不能互换，这是由动词性成分间的语义关系决定

的。（王弘宇，1997）（1）当前项动词性成分为后一项的前提时，两者不能互换。例如：我一边听电话，一边记录。（2）当前项比后项紧急时，两者不能互换。例如：他们一边给她包扎，一边耐心地跟她交谈。（3）以前项为主，兼做后项时，两者不能互换。例如：我们一边晒太阳，一边看他们在操场上训练。（4）前项烘托后项，两者有修饰关系时不能互换。例如：他一边擦汗，一边幻想：我要是不用工作就好了。（5）前项和后项为因果关系时，两者也不能互换。例如：他一边说，一边想起了严厉的爸爸。从认知的角度看，"一边……一边……"结构所连接的两个动词性成分大多可以用时间顺序原则加以解释。

六、思考题

1. "一边……一边……"所连接的动词性成分在语义上是什么关系？
2. 我们可以利用哪些情境来讲练含有"一边……一边……"结构的句子？

七、参考文献

高欣. 对外汉语教学"一边……一边……"与"又……又……"语法点的辨析[J]. 现代语文（语言研究版），2016（2）.

吕叔湘. 现代汉语八百词（增订本）[M]. 北京：商务印书馆，1999.

王弘宇. "一边A，一边B"的内部语义关系分析[J]. 中国语文，1997（2）.

邢福义. 关系词"一边"的配对与单用[J]. 世界汉语教学，1998（4）.

第十六节 "一M比一M……"结构

一、教学要点

（一）核心语法意义

"一M比一M……"结构可以表达两种语法意义：一种包含实际的比较（实比），表示"程度累进"，有递进义，如"生活一天比一天好"（意思是"生活越来越好"）；另一种并不包含实际的比较，是虚比，表示"每个成员都……"，有遍指义，如"学生一个比一个激动"（意思是"每个学生都很激动"）。结构格式中的"一"不能替换为其他数字，M是量词，能出现在"一M比一M"后的谓词性成分主要是性质形容词，也可以是心理动词和表程度变化的动词性短语。

（二）主要形式与典型例句

1. S + 一M$_{时量/动量}$比一M$_{时量/动量}$ + AP/VP（实比，递进义）

  （1）生活一天比一天好。

2. （包含时间概念的语句，）S + 一M$_{名量}$比一M$_{名量}$ + AP/VP（实比，递进义）

  （2）从一年级到四年级，他换了三个书包，一个比一个大。

3. S + 一M$_{名量}$比一M$_{名量}$ + AP/VP（虚比，遍指义）

  （3）学生一个比一个激动。

  注意：形式2在实际语料中很少见，为避免学生一开始接触太多相近形式造成混淆,我们在初级阶段的汉语教学中可以考虑暂时不教这种用法,所以下面提到的"一M比一M……"结构的教学主要针对形式1和形式3。

(三)典型情境

表实比的"一M比一M……"经常用来表示同一主体的某一性质或状态的程度随着时间推移而渐次加深。例如:学生的数量一年比一年多。

表虚比的"一M比一M……"通常用来强调一定范围内的不同个体具有某个共同特征。例如:三个姑娘一个比一个漂亮,歌声也一个比一个动听。

(四)重点与难点

"一M比一M……"结构对应实比和虚比两种不同的语法意义,容易使学生产生困惑。分辨这两种不同的语法意义的主要依据是看句中或语境中是否有表示时间范畴的词语或表达,有表示时间范畴的表实比,反之则表虚比。例如:"生活一天比一天好",句中含有表示时间范畴的词语("天"是时量词),"一天比一天"表实比;"(从一年级到四年级,他换了三个书包,)一个比一个大",语境中含有表示时间范畴的表达("从一年级到四年级"),"一个比一个"也表实比;"学生一个比一个激动",句中和语境中都不包含表示时间范畴的词语和表达,"一个比一个"是虚比。

在教学中,教师要注意引导学生归纳和体会表两种语法意义的"一M比一M……"结构在形式、语义和语用上的不同特点。

(五)相关形式

"越来越……"表示"程度随时间的推移而变化"(吕叔湘,1999:640),与表示实比的"一M比一M……"意思相近。例如:

(4)a. 生活一天比一天好。

b. 生活越来越好。

　　二者的区别主要表现在：

　　①"越来越……"所提示的时间是一个笼统的概念，而表实比的"一M比一M……"则通过量词M提示了具体的时段信息。例如：

　　（5）a. 天气越来越暖和。

　　　　　b. 天气一天比一天暖和。

　　　　　c. 天气一年比一年暖和。

　　（6）a. 他说得越来越好。

　　　　　b. 他（的汉语）说得一天比一天好。

　　　　　c. （这个句子）他说得一次比一次好。

　　②"越来越"和表实比的"一M比一M"后接成分有所不同。动结式动词（如"提前""增多"）、"Adj.＋起来"（如"好起来""高兴起来"）等可以在"一M比一M"后出现，但不能在"越来越"后出现。例如：

　　（7）a. 发病人数一年比一年增多。

　　　　　b. *发病人数越来越增多。

　　（8）a. 日子一年比一年好起来。

　　　　　b. *日子越来越好起来。

二、教学步骤

（一）句型1：表示实比的"一M比一M……"

1. 导入

　　为了使学生充分理解表实比的"一M比一M……"结构必须包含时间概念，教师可以利用图片导入。例如，教师先展示图16-1，简单说明一下图片所传达的信息——昨天9℃，今天10℃，明天12℃，同时做一个逐渐上升的手势，问学生能否用一个句子表达这种随时间推移而增加的意思，学生可能会回答"天气越来越好"；接着，教师展示图16-2，让学生注意横坐标轴上的时间信息与左边的图16-1有什么不同，同时做一个逐渐上升的手势，问学生这张图可以用什么句子来表达，学生的回答有可能还是"天气越来越好"。这时教师可以顺势提醒学生利用横坐标轴上的时间信息，并引出目标句：

（1）天气一天比一天暖和。
（2）天气一年比一年暖和。

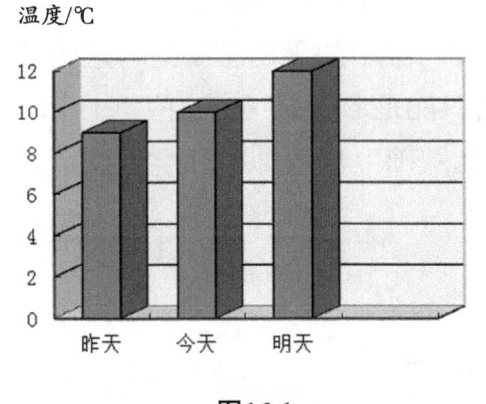

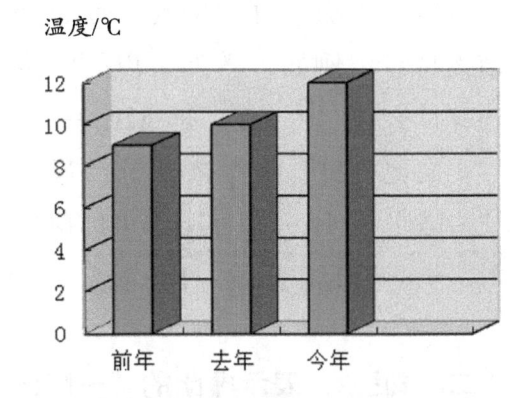

图16-1

图16-2

2. 讲练

教师可以继续利用柱状图创设情境，带领学生进行操练。例如，展示下面左边这张柱状图（图16-3），教师可以说："来北京的第一天玛丽只会说两个汉语句子（'你好''谢谢'），第二天玛丽能说五个汉语句子了，第三天能说八个……，请问这种情况可以怎么说？"展示下面右边这张柱状图（图16-4），教师可以说："小明第一次考了95分，第二次考了83分，第三次考了70分，请问这种情况可以怎么说？"

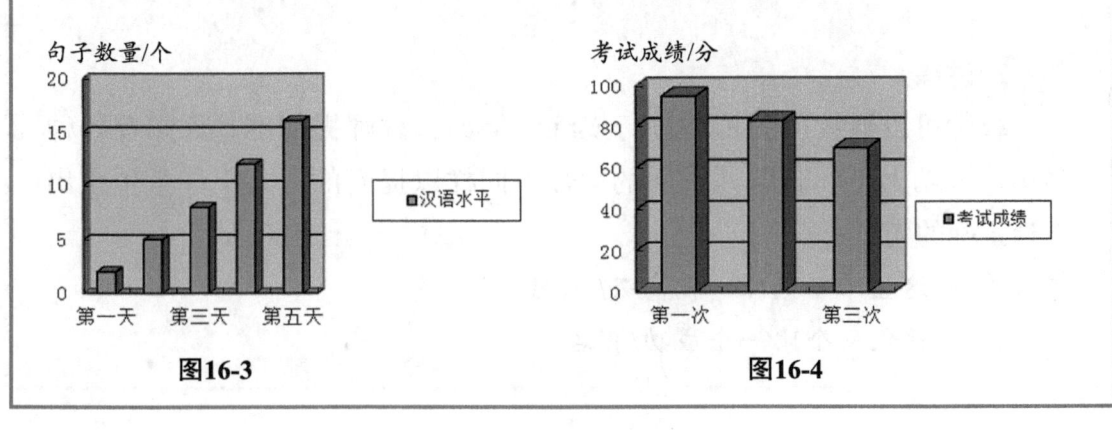

图16-3

图16-4

在讲练过程中，学生每说出一个正确的、有代表性的句子，教师就将它板书在黑板上。例如：

（3）玛丽的汉语一天比一天好。

（4）玛丽的汉语一天比一天有进步。

（5）小明一次比一次考得差。

在充分举例且大部分学生都能够较熟练地说出正确的句子之后，教师可以利用板书好的例句，通过提问，引导学生归纳总结这一类句子的结构特点。例如，教师可以问学生：这些句子中的量词有哪些？这些量词有什么共同特点？"一M比一M"后边只能是形容词吗？这些句子中的"一M比一M"是什么意思？等等。在此基础上，教师引导学生概括出"一M比一M……"实比句的句型：

$$S + 一M_{时量/动量}比一M_{时量/动量} + AP/VP$$

（二）句型2：表示虚比的"一M比一M……"

1. 导入

表虚比的"一M比一M……"结构的核心语法意义是遍指，也就是说，集合里的每个成员都具有谓词性成分所表示的共同特征。因此，我们在导入的时候，要尽量找到最符合这一语法意义的情境。教师可以用图片法导入。例如，教师可以找一张世界小姐比赛的合影，通过问学生"这些女孩漂亮吗？有没有不漂亮的？哪一个最漂亮？每一个都很漂亮，没有不漂亮的，你知道还可以怎么说吗？"，引出目标句：

（6）这些女孩一个比一个漂亮。

2. 讲练

教师可以继续用图片法进行操练。例如，教师提前准备好印有各种名车、成功人士、名牌儿衣服的图片，同样以提问的方式引导学生说出下列正确的句子：

（7）这些车一辆比一辆高级/贵/好。

（8）他们一个比一个成功/有名。

（9）这里的衣服一件比一件贵/漂亮。

同样地，学生每说出一个正确的、有代表性的句子，教师就将其板书在黑板上。操练完成之后，教师可以问学生这些"一M比一M……"句跟刚才学的有什么不同，引导学生发现"一M比一M……"虚比句的特点，即：M为名量词；句中不含表示时间范畴的词语或表达；句子不表示实际的比较，而是表达"每个都……"的意思。在此基础上，教师和学生一起概括出"一M比一M……"虚比句的句型：

S + 一M$_{名量}$比一M$_{名量}$ + AP/VP

（三）总结

"一M比一M……"结构有两种不同的语法意义（实比和虚比），在表达不同意义时所选择使用的M有所不同（实比时M多为时量词或动量词，其中"一天比一天""一年比一年""一次比一次"使用频率较高；虚比时句中没有表示时间范畴的词语或表达，M多为名量词，其中"一个比一个"使用频率较高）。"一M比一M……"通常表达说话人的主观印象和评价，带有强烈的主观或夸张色彩。

（四）课堂活动

任务：改说句子

要求：教师说含有"越来越……"结构和表示遍指义（"每个都……"）的句子，学生将其替换成"一M比一M……"结构。

为了使活动更有吸引力，教师可以将活动设计成比赛的形式，将学生分成小组进行抢答，并对有争议的句子进行共同讨论。

三、典型偏误分析

1. 成分遗漏类偏误

（1）*爸爸去世后，对他和家人影响很大，一天比一天贫困。

正确句：爸爸的去世，对他和家人影响很大，他们家一天比一天贫困。

说明："一天比一天"前缺少主语。

2. 语序类偏误

（2）*一天比一天我想回国，想去看我的朋友们。

正确句：我一天比一天想回国，想去看我的朋友们。

说明："一天比一天"应该在主语后、谓词性成分前。

3. 成分误用类偏误

（3）*我们一个比一个学习汉语。

正确句：我们一个比一个爱学习汉语。

说明："学习"不是心理动词，"学习汉语"也不表示程度变化，所以不能出现在"一M比一M……"结构中。

四、练习

（一）请用合适的"一M比一M……"句描述下面的图表：

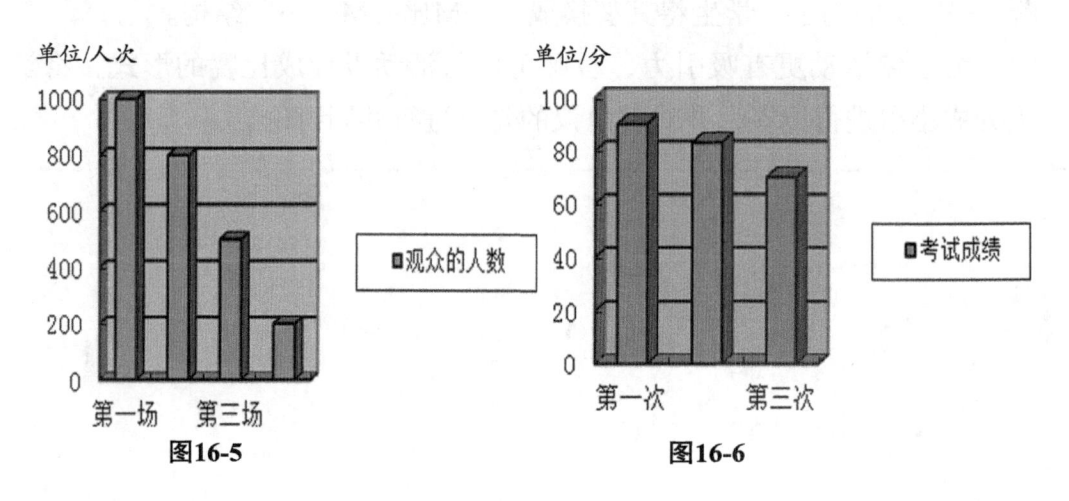

图16-5

图16-6

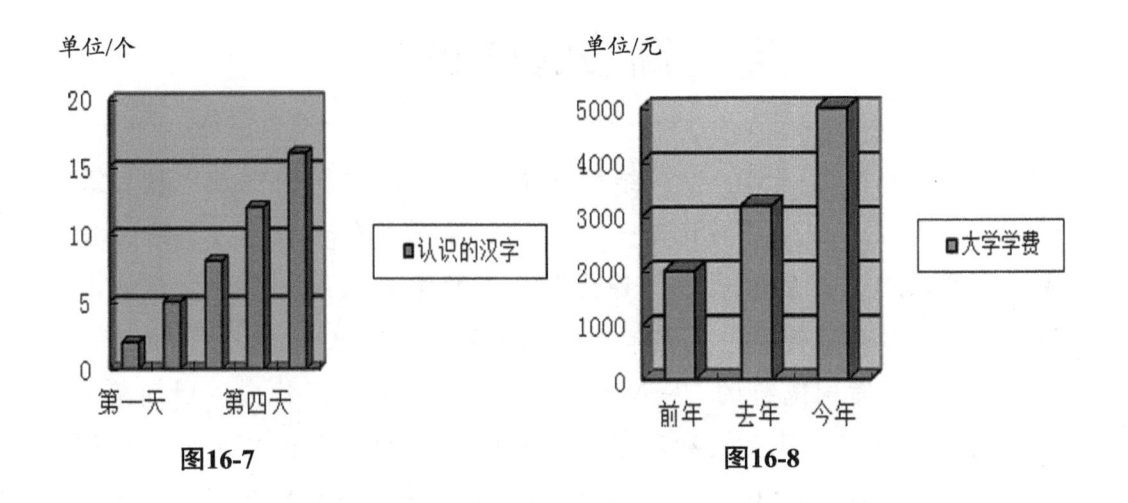

第十六节 "一M比一M……"结构

图16-7

图16-8

（二）请用合适的"一M比一M……"句描述下面的图片内容。

请写出至少四个含有"一M比一M……"结构的句子。

图片内容提示：他们家有三个孩子，这三个孩子每一个都非常聪明，都很爱学习。他们都考上了大学。他们考上的大学都非常有名。毕业以后，每个孩子都找到了很好的工作，收入都非常高。三个孩子都很爱自己的母亲，每个孩子对妈妈都非常好。

五、知识链接

关于"一M比一M……"结构的语法意义,学界的观点比较一致,即该结构可以分化为两种比较——实比和虚比,前者表示"递进差比"或"程度累进",后者表示"遍指"。多数学者认为,分化的依据与内部是否具有时间范畴有关。具有时间范畴的"一M比一M……"句为实比句,而不具有时间范畴的"一M比一M……"句则为虚比句。时间范畴主要体现在量词上,时量词和动量词是时间范畴的典型标志。但有些使用名量词的"一M比一M……"句也包含时间范畴,体现比较意义,如"这位学者很有发展前途,他写的论文一篇比一篇漂亮"。项开喜(1993:45)认为这个句子中的时间范畴"主要体现在主要动词及其主语上,这一篇篇论文是由他一个人在不同时间先后完成的","这里的'篇'还能够换成适当的动量词",如"他写的论文一次比一次漂亮"。

现代汉语中不少量词都可以进入"一M比一M……"结构,但使用的频率不同。根据吴为善(2011)和吕峰(2013)的统计,时量词"天"和"年"、动量词"次"以及名量词"个"在使用频率上远远超过其他同类量词,也就是说,"一天比一天""一年比一年""一次比一次""一个比一个"是在"一M比一M……"结构中出现频率最多的。同时我们也可以看出,在"一M比一M……"结构中,时量词的使用处于更优势地位。

六、思考题

1. 下列句子中的"一场比一场"表示实比还是虚比?你是怎么判断的?请具体说明。

   (1) 在小组循环赛的三场比赛中,意大利<u>进球一场比一场多</u>,共六个球,保持全胜,"城门"完好无缺。

   (2) 在这里举办的婚礼都是高大上的,<u>一场比一场气派</u>。

2. 如果由你来设计一个操练"一M比一M……"结构的课堂活动，你会怎么做？

七、参考文献

陈满华，赵志强. "一M比一M＋VP"构式的形式和功能[J]. 汉语学习，2015（4）.

刘长征. 递及比较句的语义理解及制约因素[J]. 汉语学习，2005（2）.

吕峰. "一M比一M＋VP"构式的语义分化、认知动因与语用功能[J]. 汉语学习，2013（6）.

吕叔湘. 现代汉语八百词（增订本）[M]. 北京：商务印书馆，1999.

王冬梅. 跨层结构"一M比一M"研究[J]. 宁夏大学学报（人文社会科学版），2016（1）.

吴为善. 递进性差比义构式及其变异——"一M比一M＋VP"的构式成因探讨[J]. 语言教学与研究，2011（2）.

项开喜. "一M比一MA"格式试探[J]. 语言教学与研究，1993（2）.

张琳捷，宋春阳. 关于"越来越"的偏误分析[J]. 现代语文（语言研究版），2012（9）.

第十七节 "的"字结构

一、教学要点

（一）核心语法意义

"的"字结构是指助词"的"附着在别的词语后边构成的名词性结构，用来指称人或事物。它的作用相当于一个名词，主要句法功能是充当主语和宾语。

从语义上说，"的"字结构可以通过特征、材料、性质、功能等来指称人和物，表示动作的发出者、承受者，物品的领有者，性质特点的所属者。例如"他想买个石头的"，"的"字结构"石头的"通过"石头"这种材料指称某种物品，在句中做宾语，表示动作的承受者。又如"他喜欢吃甜的"，"甜的"用来指称具有"甜"这种特征的某类事物。

（二）主要形式与典型例句

"的"字结构的主要形式为：NP/AP/VP + 的。

"的"前可以是名词性、形容词性、动词性等结构，与"的"一起组成一个名词性结构。例如：

　　石头的　大的　穿红衣服的

（三）典型情境

有人认为"的"字结构是"……的N"结构省略了N形成的。从这个角度说，"的"字结构是话语简约化的产物，具有很强的语境依赖性。N省略的前提条件是对话双方都已知。例如，我们在卖橘子的摊子前问卖橘子的人"大的多少钱，小的多少钱？"，其中"（大的、小的）橘子"是对话双方心知肚明的，可以略去不说。所以在使用"的"字结构时，一定要有确定的语境，所指人或事物要清楚明确，避免产生歧义或费解。

（四）重点与难点

"的"字结构形式简单，掌握起来并不难，难点在于对加"的"后词性改变的理解，特别是动词结构加"的"后变为名词性结构，是学生最难掌握的。我们可以通过"找人"的课堂活动帮助学生习得。例如：

教师：汤姆是谁？

学生：戴黑帽子的就是汤姆。

教师：穿红色羽绒服的是玛丽吗？

学生：不是，穿灰色大衣的是玛丽。

（五）相关形式

"的"字结构是名词性的，那么"的"字结构与具体的名词有什么不同呢？

"的"字结构是将具体的人或事物类化，指称某类人、某类事物，或描述某种人、某种事物，具有类化、指称的语法功能。例如：

（1）这些电脑都是最新研发的。

（2）1800的卖得最快。

其中，"最新研发的"和"1800的"都有类化、指称具有该特征的一类事物的作用。

学生常会说出这样的话："我有四个好朋友，一个男人，三个女人。"我们要特意告诉学生："男人""女人"的说法具有非常深的文化含义，在使用中需要特定的语境。除了谈论家庭生活或者性别对比话题时可以使用"男人""女人"这样的说法外，其他时候我们应该用"男的""女的"。例如：

（3）我有四个好朋友，一个男的，三个女的。
（4）那群人里个子最高的是个女的。

二、教学步骤

（一）导入

在导入环节，教师的主要教学目标是让学生感知和理解"的"字结构的构成及使用条件。首先，教师可以从学生身边容易感知和理解的事物入手，通过提问，引导学生根据事物的领属、颜色、材料、大小、来源等给事物分类。例如：

（1）这是谁的笔？→这是我的。
（2）他的衣服是什么颜色？→他的衣服是白的。
（3）什么样的手机最贵？→苹果的最贵。
（4）哪本是你的词典？→大的是我的。
（5）你喜欢什么样的菜？→我喜欢辣的。

然后，教师再通过提问—回答这种方式让学生体会"的"字结构的使用需要一定的语境，即"的"字结构指称的人或事物一般为已知信息或对话双方都可以意会的。在学生对"的"字结构有了比较充分的感性认识后，教师再通过板书或PPT向学生展示"的"字结构的构成。

（二）讲练

在"的"字结构中，"的"字前的成分主要是名词、代词、区别词、形容词或形容词性短语、动词或动词性短语，"的"字后面没有中心词，即：

名词/代词/区别词/形容词或形容词性短语/动词或动词性短语＋的

例如：

上海的　　　　　我们的　　　　　塑料的
酸的　　　　　　买的　　　　　　冬天穿的

"的"字结构在句子中主要充当主语和宾语。例如：

（6）那本新的放在桌子上了。（"那本新的"充当句子的主语）

（7）猜猜我带来了什么？我带来了你最爱吃的！（"你最爱吃的"充当句子的宾语）

讲练环节需要在学生对"的"字结构有了感性认识的基础上进一步加深学生对"的"字结构句法功能的认识，使学生能够准确使用"的"字结构组成正确完整的句子，并且根据实际语境恰当使用。教师可以通过以下方法对学生进行操练：

第一种方法是对话法，即学生根据教师创设的情境完成对话，其中部分对话用"的"字结构来完成。例如：

（8）A：你去买什么？

　　　B：我去买衣服。

　　　A：你买什么样的？

　　　B：冬天穿的。

（9）A：我想买个手机。

　　　B：你想买什么样的？

　　　A：这个黄的很好看。

　　　B：这个黄的5000多。

　　　A：太贵了，我想买个便宜点儿的。

　　　B：这是3000的，那是2600的。

　　　A：我买2600的吧。

第二种方法是图片法，即教师向学生展示不同场景的图片，如超市、办公室、运动场、图书馆等，学生用"的"字结构描述各个场景中的人或事物。例如，关于超市，教师可以问："在超市里，各种水果都是什么样的？"学生可以回答："水果有大的、小的、圆的、长的、红的、黄的。"关于运动场，教师可以问："运动场上都有哪些人？"

学生可以回答："有打球的、跑步的、打太极拳的，还有做广播体操的。"教师在操练过程中要对学生的表现及时进行反馈，引导学生正确理解和使用"的"字结构。

（三）总结

①"的"字结构所指的人或事物必须是已知信息，如是上文出现过的、由语境提供的或不需要指明听话人也清楚的，否则不能用。例如：

（10）昨天我们去买词典，我买了一本汉英的，他买了一本汉法的。

②"的"字结构只能指代具体的人或事物，不能指代抽象的事物。例如：

（11）*哥哥的性格很好，弟弟的不好。

③"的"字结构具有限制、指别作用，如果"形容词 + 的"只有描写作用就不能构成"的"字结构，而只能作为定语出现在名词前面。例如，"红的（花）"（区别于"黄的"等）可以，而"雄伟的（大会堂）"就不行。

（四）课堂活动

任务1：我是美食家

要求：学生4~5人一组，分别说说自己国家的菜有哪几类，自己喜欢哪一类。菜的分类可以按食材分，也可以按味道分，还可以按地区分。各组完成后，选出一个代表向全班介绍本组的美食。例如：

（12）我们国家的菜有辣的，有甜的，有酸的。

任务2：我猜我猜我猜猜猜

要求：学生4~5人一组，每组轮流派代表到讲台前用含有"的"字结构的句子介绍班里的一名学生的特征，其他组的学生根据这些特征猜出是哪名学生，看看哪组猜得又快又对。例如：

（13）这名同学的头发是黑的，上衣是白的。

> **任务3**：你说我画
>
> **要求**：学生4～5人一组，每组轮流由一人用"的"字结构来描述一个人或一个场景，其他学生画出他所描述的内容，画完后由第一个人评判谁画得最准确。

三、典型偏误分析

1. "的""得""地"的混淆类偏误

（1）*这些问题他能解决地不多。

正确句：这些问题他能解决的不多。

说明：该句混淆了"的"与"得""地"的使用，这是初学者比较容易出现的一个问题。"地"放在动词和形容词前，用以修饰动词和形容词；"得"则是用来连接表示程度或结果的补语。在这个句子中，"他能解决的"是一个"的"字结构，应该用"的"。

2. 误用类偏误

（2）*玛丽喜欢美丽的。

正确句：玛丽喜欢美丽的海南。

说明：在这个句子里，说话人未能理解"的"字结构的类化功能，将"的"字定语等同于"的"字结构，随意省略中心词，导致表意不明。"美丽"是用来修饰表示特定处所的"海南"的，而不是用来指称可以称为"美丽"的一类事物的，所以作为中心词的"海南"不能省略。

3. 回避类偏误

（3）*他说的话都是真的话。

正确句：他说的话都是真的。

说明：这个句子该用"的"字结构而没用，导致表意重复。因为上文中已经有"他说的话"，为避免重复，"真的话"中的"话"可以省略，只用"的"字结构"真的"就可以了。

四、练习

（一）用"的"字结构完成对话。

A：我买了一本书。
B：_____？
A：学习中文的。
B：_____？
A：不是，是英文的。

（二）请用"的"字结构描写一下你的房间。

五、知识链接

"的"字结构的语境依赖性问题得到了很多学者的关注，如林璐、李珊（2017：36）指出，"的"字结构中心语的确定由语境决定，"在现实交际任务中，听话者需认知加工补足中心语以正确理解'的'字结构意义。这一过程依赖提取语境中的相关信息来确定中心语，其中多种因素可成为动因"。淡晓红（2016）认为，"的"具有指称"物"的功能，"的"字结构的语义依据上下文语境、情景语境、文化语境，照应语篇内的某个词项，或者语篇外的人或物，是一个融句法、语义和语用于一体，语篇内知识和语篇外知识共存，动态与静态兼容的名词化结构。

关于"的"字结构的形式特征及其修辞作用，刘公望（1990）认为，这种"的"字短语在结构形式上相当于一个名词性偏正短语省略了中心语，"的"作为使整个语法单位名词化的标志不能省去。在修辞上，"的"字短语具有形象反映特征、变换称谓、传达一定情感、表现特定语体风格的作用。

六、思考题

1. "的"字结构主要的句法功能是什么？
2. "的"字结构的教学难点和重点是什么？
3. 针对"的"字结构，我们可以设计什么样的教学活动？

七、参考文献

淡晓红.现代汉语独立"的"字结构的功能视角研究[J].北京科技大学学报（社会科学版），2016（1）.

蒋静."的"字短语语用分析[J].现代语文（语言研究版），2014（10）.

林璐，李珊.汉语"的"字结构中心语转指定位的语境因素阐释[J].兰州教育学院学报，2017（10）.

刘公望.名助词"的"与"的"字短语[J].北京师范学院学报（社会科学版），1990（4）.

刘月华，潘文娱，故韡.实用现代汉语语法（增订本）[M].北京：商务印书馆，2001.

第十八节　结果补语

一、教学要点

（一）核心语法意义

结果补语是汉语补语系统的一个重要组成部分，其主要功能是"表示动作或状态的结果——引起动作者或动作受事的状态发生变化"（刘月华等，2001：534）。现代汉语中的结果补语数量众多，搭配关系丰富，我们对结果补语的教学应该贯穿汉语教学的始终。

（二）主要形式与典型例句

1. 肯定形式

S＋V＋$C_{结果}$（＋O）＋了

（1）我记住生词了。

O（＋S）＋V＋$C_{结果}$＋了

（2）今天的作业我做完了。

2. 否定形式

S＋没＋V＋$C_{结果}$（＋O）

（3）我没看见她。

O（＋S）＋没＋V＋$C_{结果}$

（4）那份文件我没找着。

3. 疑问形式

S + V + C_{结果}（+ O）+ 了 + 吗？

（5）你买到那本书了吗？

（三）典型情境

在汉语中，当要描述一个动作或状态引起（或将引起）某种具体结果时，我们可以使用结果补语。由于结果补语的分散性，我们在教授结果补语时并没有特别典型的情境可以参考，也很难一次性讲练若干个结果补语，最好是具体问题具体分析。

以典型结果补语"V + 完""V + 好""V + 干净""V + 清楚"为例，它们都可以在家庭生活场景中被广泛使用。例如：

（6）作业写完了吗？

（7）妈，饭做好了吗？

（8）房间打扫干净了吗？

（9）我说的话你听清楚了吗？

（四）重点与难点

什么样的词可以充当结果补语，这是结果补语教学的重点与难点。一般来说，现代汉语中常用的单音节形容词大都可以充当结果补语，如"错""对""好""懂"等。可以充当结果补语的双音节形容词则比较少，常见的有"干净""明白""清楚"等。此外，部分动词也可以充当结果补语，但数量比较少，大部分都是单音节的，如"跑""成""见""走""掉""着"等。

在交际中如何正确使用结果补语，也是结果补语教学的重点与难点。

第一，宾语的位置问题。结果补语和谓语动词关系十分密切，二者之间不容许有任何其他语法成分介入，因此宾语要放在结果补语的后面，整个句子的基本结构是：S+V+C$_{结果}$+O。例如：

（10）他听完音乐了。

（11）我洗干净了衣服。

宾语"音乐"和"衣服"分别被放在结果补语"（听）完"和"（洗）干净"的后面。

第二，与动态助词同现的问题。结果补语的后面常常用"了"或"过"来表达动作、行为造成的结果，但不能用"着"。例如：

（12）他做完了作业。

（13）她说错过我的名字。

（14）*他做完着作业。

第三，结果补语的否定形式问题。如果结果补语处于假设条件句中，那需要用"不"进行否定。其基本形式是：S+不+V+C$_{结果}$+O。例如：

（15）我不看完这部电影就不休息。

（16）你不写完作业就别出去。

（五）相关形式

在初级阶段的汉语教学中，结果补语非常重要。除了因为其本身很重要之外，还因为它常用于"把"字句、"被"字句等特殊句式中。只有真正学会使用结果补语，才能为学习"把"字句、"被"字句这些较难掌握的语法点打下坚实基础。例如：

（17）我把饺子吃光了。

（18）人类棋手被机器人棋手打败了。

例（17）中的"吃光了"和例（18）中的"打败了"都是结果补语。

第十八节　结果补语

二、教学步骤

说明：由于汉语中的结果补语比较琐细，我们在初级阶段的汉语教学中一般采取随课文讲解的方式，即当课遇到哪个结果补语，教师就讲解该结果补语的肯定式、否定式、疑问式并进行操练。这里选取常见的结果补语结构"V+完"作为示例，向大家简单介绍一下如何教授结果补语。

（一）导入

教师可以用图片或动画导入，也可以通过动作演示导入。具体如下：

教师拿出一瓶水，喝完，然后展示空瓶子，并给出例句：

（1）水喝完了。

教师展示两张图片，一张是一碗饭，一张是空碗，然后给出例句：

（2）饭吃完了。

教师展示学生刚上交的作业本，并给出例句：

（3）作业做完了。

（二）讲练

1. 肯定式

根据带有结果补语的动补形式，教师可以将结果补语分为四类：

A. 动词+动词，如"看见""走丢""打穿"等；

B. 动词+形容词，如"跑远""吃饱""洗干净"等；

C. 形容词+动词，如"累死""冻醒"等；

D. 形容词+形容词，如"忙坏""热坏"等。

以"V+完"为例：

教师先通过图片，引导学生说出含有简单的"V+完"形式的短语，如"吃完""喝完""写完""看完""学完"等；然后，引导学生说出含有完整的"S＋V＋完＋O＋了"形式及其变体"O＋S＋V＋完＋了"的句子。例如：

（4）我吃完饭了。

（5）饭我吃完了。

2. 否定式

结果补语的否定式否定的是动作行为的结果，因此结果补语的否定形式一般是将"没"放在述语前面进行否定。例如：

（6）这个故事我没听懂。

（7）刚才裁判没看清楚。

以"没＋V＋完"为例：

教师可以通过图片对比的方式，引导学生说出结果补语"V＋完"的否定形式。例如，教师展示半碗米饭，问学生"碗里还有米饭吗？"，然后给出目标句：

（8）我没吃完米饭。

（9）米饭（我）没吃完。

3. 疑问式

我们可以用三种疑问形式对结果补语进行提问。

① 是非问，即用疑问语调及语气词"吗""吧"表示疑问。例如：

（10）衣服湿透了吗？

（11）你做完作业了吧？

例（10）和例（11）分别在包含结果补语的肯定句末尾加上疑问语气词"吗"和"吧"，从而将其变为是非疑问句。

② 特指问，主要用疑问代词"怎么样"对结果补语进行提问。例如：

（12）菜做得怎么样了？——马上就做好了。

（13）送你的巧克力吃得怎么样了？——吃完了。

例（12）是就"做菜"这个动作的结果进行提问，例（13）是就"吃巧克力"这个动作的结果进行提问。

③ 正反问。正反问有三种特殊形式：

第一种是"V没V+C_{结果}"。例如：

（14）你吃没吃饱？

第二种是"V+C_{结果}+没有"。例如：

（15）你吃饱了没有？

第三种是"有没有+V+C_{结果}"。例如：

（16）你有没有吃饱？

我们仍以结果补语"V+完"为例：

教师通过提问，展示结果补语的否定用法，然后为学生设置情景，请学生互相问答。教师可以提问：

（17）她的矿泉水喝完了吗？

（18）她的矿泉水喝完了没有？

（19）她的矿泉水喝没喝完？

待学生掌握熟练后，教师可以请学生围绕身边的事例，用结果补语"V+完"进行互相问答。例如：

（20）今天的作业你做完了吗？

（21）这本书你学完了吗？

（三）总结

① 强调结果补语的语序，特别要注意结果补语与宾语的位置关系。

② 强调结果补语的否定式，特别要注意"没（有）"和"不"与结果补语共现的条件。

③ 提醒学生注意区分不同结果补语的语义及语境，整体记忆动词与结果补语的搭配。

（四）课堂活动

任务：比比谁的速度快

要求：首先，教师根据要练习的结果补语设计好任务清单，任务清单可以是"找到班里的亚洲同学""喝完杯子里的水""写完这一页的生词""记住三位同学的电话号码"等；然后，教师将学生分为几组，要求学生在规定时间内设法完成尽量多的清单任务；规定时间结束后，每两个小组交换任务清单，一组向另一组提问，要求不论是提问还是回答，都要使用结果补语；最后，教师根据学生的回答统计哪一组完成的清单任务数量多，多的那组获胜。

三、典型偏误分析

1. 语序类偏误

（1）*妈妈做饭完了。

正确句：妈妈做完饭了。/饭妈妈做完了。

说明：该偏误句中结果补语和宾语位置错置，受事宾语应置于结果补语之后，或置于主语之前。

2. 遗漏类偏误

（2）*虽然今天学的生词很多，但她很快就全记了，她的记忆力真好！

正确句：……，但她很快就全记住了，……。

说明："她记生词"是动作，根据上下文，说话人要表达的是"记"的结果"记住了"。此处应用结果补语，但说话人漏用了。

3. 误用类偏误

（3）*我买见那本书了。

正确句：我买到那本书了。

说明：动词与结果补语不可随意搭配。

四、练习

（一）请选择合适的结果补语填空。

A. 会　B. 完　C. 清楚　D. 着　E. 见　F. 到

1. 你听_____她说什么了吗？
2. 她累坏了，到家一会儿就睡_____了。
3. 她还学_____游泳了。
4. 你做_____作业了吗？咱们看个电影吧。
5. 考试的时候，一定要想_____再写答案。

（二）请将下列肯定式变为否定式和疑问式。

1. 饭菜做好了。
2. 你的话我听清楚了。
3. 我买到那本书了。
4. 身体检查完了。
5. 我终于学会骑自行车了。

五、知识链接

结果补语是现代汉语语法系统中极为重要的一种句法成分，可以说，它是整个动补结构的核心。"动＋形"结构的基本式表示人们对动作行为结果的心理预期，它处于非现实的语义层面，在语用上表现为对假设条件句、祈使句、带能愿词语句、疑问句等句法环境的依赖。这种情形并非偶然，而是与人们在执行动作行为时首先要具有[+预期目标]的心理特征有关。"动＋形"结构的基本语义结构如下（引自张旺熹，2001）：

非现实性结果	现实性结果
动＋形	动＋形（＋了）
虚拟的现实性结果　动＋形＋了	

六、思考题

1. 如果一次性教授结果补语"V＋好""V＋见""V＋完""V＋着""V＋住"，请你设计一下教学顺序，并创设一个情境完成上述五个结果补语的教学。
2. 请举例说明哪些词可以充当结果补语。

七、参考文献

刘月华，潘文娱，故铧.实用现代汉语语法（增订本）[M].北京：商务印书馆，2001.

卢福波.汉语语法点教学案例研究——多媒体课件设计运用[M].北京：商务印书馆，2016.

吕叔湘.现代汉语八百词（增订本）[M].北京：商务印书馆，1999.

马真，陆俭明.形容词作结果补语情况考察（一）（二）（三）[J].汉语学习，1997（1，4，6）.

王还.汉语结果补语的一些特点[J].语言教学与研究，1979（2）.

王砚农，焦群，庞颙.汉语动词-结果补语搭配词典[M].北京：北京语言学院出版社，1987.

邢福义.汉语语法结构的兼容性和趋简性[J].世界汉语教学，1997（3）.

张国宪.结果补语语义指向分析[J].汉语学习，1988（4）.

张旺熹."动＋形"结构的原型范畴[G]// 中国语言学会《中国语言学报》编委会.中国语言学报（第10期）.北京：商务印书馆，2001.

第十九节　可能补语

一、教学要点

（一）核心语法意义

可能补语又被称为"补语的可能式"，它所表达的意义为：动作的主体有完成某事的愿望，而在某种客观条件下这种愿望可能实现或者不能实现，也就是所谓的"愿而不能"。

（二）主要形式与典型例句

1. 肯定形式

S + V + 得 + C（+ O）

（1）他吃得完（这碗饭）。
（2）我说得好（汉语）。

2. 否定形式

S + V + 不 + C（+ O）

（3）我记不住（生词）。
（4）他看不清楚（黑板）。

3. 疑问形式

S + V + 得 + C（+ O）+ 吗？

（5）你找得到那家医院吗？
（6）这件衣服洗得干净吗？

S+V+得+C+V+不+C(+O)？
（7）你找得到找不到那家医院？
（8）这件衣服洗得干净洗不干净？

疑问形式有两种，一种是在肯定形式后加"吗"，另一种是正反问形式。

（三）典型情境

可能补语出现的典型情境里都蕴含着某种条件，正是因为这些主观意愿和客观条件的存在，才引发了某种结果能否实现的不同可能性。此外，在实际语言运用中，可能补语否定形式的使用频率远远高于肯定形式，这是教学中需要特别注意的。例如：

（9）（每天学习100个生词）生词太多了，我记不住。
（10）（一次吃40个饺子）饺子太多了，一个人吃不完。
（11）（你买了四瓶水，多不多？）一点儿也不多，我喝得完。
（12）（一个人搬椅子）椅子很轻，我搬得动。
（13）（一个人搬桌子）桌子有点儿重，我一个人搬不起来。

（四）重点与难点

可能补语的核心语法意义不难理解，但其构成形式容易对学生造成困扰。因此，我们有必要讲明可能补语中的每一个构成部分可以由哪些成分充当。可能补语主要由动词及其补语成分构成。其中：

1. 可能补语的谓语动词

可能补语的谓语动词具有[+自主]的语义特征，如"说""做""听""吃""喝""学习""准备""翻译"等。

2. 可能补语中的补语成分

可能补语中的补语成分可以分为三类：
① 一般动词做补语：具有[+目标/目的]的语义特征，多为单音节

动词。常用补语有"完""住""见""会""开""着（zháo）""懂""到""了（liǎo）"等。在这些词中，除了"了"以外，其他词都可以作为结果补语直接出现在动词后（如"吃完""记住""看见""学会"等）。"了"作为可能补语有两种含义：一种是相当于"完"，另一种是"不能V"。具体如下：

（14）这个苹果太大了，我吃不了。（=吃不完）

（15）这个菜太油腻了，老年人吃不了。（=不能吃）

② 形容词做补语：多为具有积极意义的形容词，也有个别例外。常用补语有"对""好""清楚""干净""惯""大"以及"腻""坏"等。

③ 趋向动词做补语。包括：

简单趋向动词：上、下、进、出、回、过、起；

复合趋向动词：上来、上去、下来、下去、进来、进去、出来、出去、回来、回去、过来、过去、起来、到……来/去。

总之，大部分可能补语可由结果补语或者趋向补语中间加上"得/不"构成，但补语成分在语义特征上有所限制。不同的可能补语应放在不同的教学阶段进行教授。在初级阶段，我们教授的主要以动词和形容词做补语为主。趋向动词做补语的引申用法，因为语义关系比较复杂，应当安排在中高级阶段，并且需要一个一个地说明和讲练。另外，有些已和前面的动词一起词汇化的可能补语，可以当作独立的成分来教学，如"舍不得""看不上""买不起"等。

（五）相关形式

由于可能补语、状态补语和程度补语都可以由形容词充当，因此学生在运用时常会将三者混淆，我们有必要对它们加以区别。它们的区别主要是：

① 做可能补语的形容词前不能有修饰成分（如"很""比较""非常""十分""特别""一点儿不"等），而做状态补语的形容词前可

以添加这样的修饰成分。例如：

（16）a. 我相信他讲得好，让他参加比赛吧。（可能补语）
　　　 b. 他讲得很好，大家都为他鼓起掌来。（状态补语）

② 做可能补语的形容词后不能有其他补充成分（如"得很""极了""要命"等），而做程度补语的形容词后可以有补充成分。例如：

（17）a. 我说得清楚，不用你帮我。（可能补语）
　　　 b. 他说得清楚极了，我们全明白了。（程度补语）

③ 可能补语和状态补语的否定形式不同，可能补语是将"得"变为"不"，而状态补语是单纯对补语部分进行否定。例如：

（18）a. 他讲得清楚。——他讲不清楚。（可能补语）
　　　 b. 他讲得很清楚。——他讲得不清楚。（状态补语）

二、教学步骤

（一）导入

在导入这一新语法点之前，教师可以根据学生的掌握情况选择是否进行一次结果补语的复习，以保证可能补语的教学顺利进行。具体方法可以灵活选择，如采用填空或问答的方式复习结果补语的常用搭配。

可能补语的教学通常放在结果补语之后进行，教师可以用结果补语引入。例如：

教师：今天我们只学习15个生词，同学们能记住吗？
学生：能记住。
教师：这时我们也常说"15个生词我们记得住"。

（二）讲练

1. 肯定形式和否定形式

S + V + 得/不 + C（+O）

展示这一结构后，教师可以通过领读、复述等方式帮助学生熟悉这一句式。教师继续提供语境，引导学生练习可能补语的肯定形式和否定形式。注意，教师提供的语境也应是可能补语使用肯定形式或者否定形式的前提。这一环节可以对比着进行，即教师先给出语境，提供可能补语出现的客观或主观条件，然后再通过问答或者图片，引导学生说出可能补语的肯定或者否定形式。例如：

（1）这个苹果不大。——我吃得完（这个苹果）。

那个苹果太大了。——我吃不完（那个苹果）。

（2）这篇文章很简单。——我看得懂（这篇文章）。

这篇文章生词太多了。——我看不懂（这篇文章）。

（3）地铁站不远。——我找得到（地铁站）。

我第一次来这里。——我找不到（地铁站）。

2. 疑问形式

在熟悉了肯定形式和否定形式的基础上，教师可以开始引入疑问形式。

一种是直接在肯定形式后加"吗"构成，即：

S + V + 得 + C（+O）+ 吗？

（4）你看得懂这篇文章吗？

教师可以直接用这一疑问形式问学生，让学生给出肯定或否定的回答，然后再由这位学生接着问下一位学生，依此类推。

经过一轮练习后，教师再引导学生学习第二种疑问形式，即肯定形式和否定形式连用构成的反复问形式：

S + V + 得 + C + V + 不 + C（+O）？

（5）你买得到买不到汉语词典？

教师可以同第一种疑问形式的讲练一样，再进行一轮问答练习。

完成了肯定、否定和疑问三种形式的单独操练，教师可以再让学生将这几种形式综合起来进行练习。教师可以给出图片或文字说明，引导学生提问、回答。例如：

PPT展示：图片（五个饺子/两盘饺子）

文字提示：吃/完

教师：五个饺子，你吃得完吗?/你吃得完吃不完？

学生：我吃得完。

教师：两盘饺子呢？

学生：太多了，我吃不完。

教师还可以展示的图片有：两瓶啤酒/一打啤酒，一张非常简洁的纸条/一本很厚的中文小说，三个汉字/30个汉字，一件干净的T恤衫/一件沾着油渍的T恤衫……教师可以让学生两人一组，分组练习，然后请学生互相问答，进行检查。

教师还可以请学生结合教室里的实物说出含有可能补语的句子，例如：墙上的通知（看/懂）、饮水机里的水（喝/了liǎo）、教室的门（打/开）、课桌（搬/起来）等等。

（三）总结

① 归纳可能补语在使用中的几种基本形式和使用条件。
② 强调可能补语的核心语法意义是"愿而不能"。
③ 强调可能补语的肯定形式与否定形式在使用中的不均衡性。

（四）课堂活动

任务：这些任务你能完成吗？

要求：学生分成若干组，并根据教师准备的几组图片和提示词（也可以只给出动词，由学生自己补充宾语）互相问答。例如：

（午饭）吃——一小块牛肉/一大盘牛肉

（一上午）喝——一瓶可乐/五瓶可乐

（两分钟）记——一个手机号码/九个手机号码

（一天）看——一篇课文/五本书

（年轻人）爬——三层楼/一座雪山

（两分钟）跑——400米/3000米

注意：教师应尽可能根据学生的汉语水平挖掘有创意的情境，增加教学内容的趣味性。在学生的表达过程中，教师要注意学生出现的各种典型性偏误，并及时给予反馈和纠正。

三、典型偏误分析

1. 混淆类偏误

（1）*房间太小，不能住下两个人。

正确句：房间太小，住不下两个人。

说明："不能"表示的是"不许可"，而"房间太小"这一句要表达的是说话人主观上想这样做但客观条件不允许，因此应该用表示"愿而不能"的可能补语。

2. 补语误用类偏误

（2）*他讲得很清楚，我很容易就听得懂。

正确句：他讲得很清楚，我很容易就听懂了。

说明：这个句子要表达的是结果很容易实现，而不是有没有实现的可能，因此应该用结果补语而不是可能补语。

3. 搭配误用类偏误

（3）*你说得太快，我们听不了。

正确句：你说得太快，我们听不懂。

说明："了"做补语，意思为"能"或"完"，但这一句要表示的是能不能听懂，所以语义上不搭配。

4. 特殊句式误用类偏误

（4）*我把衣服洗得干净。（"把"字句）

（5）*衣服被他洗不干净。（"被"字句）

（6）*我去不了图书馆学习。（连动句）

正确句：我能把衣服洗干净。

衣服他洗不干净。

我不能去图书馆学习。

说明：在"把"字句、"被"字句和连动句中，一般不出现可能补语。

四、练习

（一）在以下句子中填上合适的补语：

1. 今天的练习不多，我做得_____。
2. 这么多生词你记得_____吗？
3. 黑板上的字太小了，我看不_____。
4. 你的声音太小了，我听不_____。
5. 糟糕，我的手机怎么找不_____了？
6. 衣服上有果汁，洗不_____了。
7. 刚来北京的时候，我吃不_____这里的菜。
8. 六点太早了，我起不_____床。
9. 这件事太复杂了，我说不_____。

（二）用可能补语的适当形式完成下列对话：

1. A：_____？
   B：这本书不厚，我今天看得完。
2. A：明天我们去得了吗？
   B：明天有大雨，我们恐怕_____。
3. A：你复习得怎么样了？
   B：我刚开始复习，可能_____。
4. A：你习惯吃中国菜吗？
   B：刚来的时候我_____，现在已经习惯了。
5. A：我们第一次去他家，_____？
   B：放心吧，用手机导航，一定_____。

五、知识链接

可能补语在语义上总是蕴含着某种主客观条件，因为有这些主客观条件的存在，才需要使用可能补语。从语用上看，其否定形式的使用频率远高于肯定形式，具有肯定形式和否定形式使用不对称的特点。从语义上看，在构成可能补语时，谓语动词一般具有[+自主]的语义特征，而能做补语的动词具有[+目标/目的]的语义特征。此外，可能补语和状态补语在使用上有一定的区别。在初级阶段，可能补语的教学以补语成分为动词和形容词的为主，趋向补语的教学以其基本用法为主，中级阶段以后再逐渐加入趋向补语的引申用法。

六、思考题

1. 可能补语为什么又被称为"补语的可能式"？
2. 以"门打不开""不能打开门"为例，简单说明如何向学生解释可能补语与能愿动词"能"的异同。
3. 讲练可能补语时为使教学更生动有趣，我们可以提供什么样的语境条件？

七、参考文献

黄晓琴.论构成补语可能式的主客观条件[J].云南师范大学学报（对外汉语教学与研究版），2005（6）.

刘明佳.日本学生可能表达习得偏误分析[J].佳木斯教育学院学报，2011（4）.

吕俞辉.汉语可能补语的不对称现象[J].外语学刊，2013（6）.

孙利萍.可能补语的不对称成因探析[J].长江大学学报（社会科学版），2005（1）.

田化冰.关于可能补语的教学[J].安顺师专学报，2001（4）.

张旺熹.再论补语的可能式[C]//《第五届国际汉语教学讨论会论文选》编辑委员会.第五届国际汉语教学讨论会论文选.北京：北京大学出版社，1997.

第二十节　时量补语

一、教学要点

（一）核心语法意义

时量补语位于谓语动词后用于说明动作持续的时间或动作结束后持续的时间。

（二）主要形式与典型例句

1. 肯定形式

① S + V + 了 + C$_{时量}$（+ O）

（1）我看了一小时（书）。

S + V + 了 + C$_{时量}$ + 的 + O

（2）我看了一小时的书。

S + V + O + V + 了 + C$_{时量}$

（3）我看书看了一小时。

② S + V + 了 + Pron./N$_人$ + C$_{时量}$

（4）我等了他一小时。

注意：当宾语为代词时，时量补语要放在代词宾语之后；当宾语为指人的名词时，时量补语也要放在名词之后。例如，我们应该说"我跟师傅两年了"，而不是"我跟两年师傅了"。

③ S + V（+ O）+ C$_{时量}$ + 了

（5）他毕业三年了。

（6）我来北京半年了。

172

注意：当动词为"毕业"和"来"等不可持续性动词时，时量补语应置于动词或宾语之后。

2. 疑问形式与否定形式

关于疑问形式。带时量补语的句子，其疑问形式只需将补语中表示时间的词语改为"几""多长""多久"等疑问词即可。例如：

（7）你看了几个小时的书？

（8）你上课上了多长时间？

（9）你毕业多久了？

关于否定形式。只有当有过某种经历后，才会涉及做某件事的时量等问题，所以对含有时量补语的句子进行否定，一般要对整个事件进行否定，即直接对谓语部分进行否定。例如：

（10）我没看书。

（11）我没上课。

（12）我（还）没毕业。

我们也可以认为时量补语本身没有相应的否定形式。

（三）典型情境

时量补语可以用来说明做某件事持续的时间，或说明某件事结束后持续的时间，因此它可以用来详细描述某件事发生的经过，或介绍未来的具体计划。

（四）重点与难点

时量补语句的语序是时量补语教学的重点与难点。一般情况下，时量补语紧接在谓语动词之后，如动词带有宾语，宾语则出现在时量补语后。时量补语也可以出现在重复的动词之后，此时宾语出现在第一个动词之后、重复的动词之前。当宾语为人称代词时，宾语出现在时量补语之前。当谓语动词为不可持续类动词时，时量补语表示动作结束后持续的时间，此时宾语出现在时量补语之前。

（五）相关形式

比较句中的时量补语，例如：

（13）他比我多学了一年汉语。

（14）坐飞机比坐高铁快两个小时。

比较句中的时量结构也属于时量补语用法中的一种，补语前的谓语成分多为形容词，整个句式为比较句，因此可以放在比较句中统一学习。

二、教学步骤

（一）导入

因为时量补语的教学难点在于时量补语在句中的相对位置，因此教师们可以采用先把句子分解成"某人做了什么事"和"做了多长时间"两个小句，再合并为一个含有时量补语的目标句的方法。具体操作如下：

1. 询问学生做过的事

教师：你好，玛丽！你昨天晚上复习了吗？

玛丽：老师，我复习了。

2. 询问学生做该事所花的时间

教师：很好。多长时间？

玛丽：一个小时。

3. 合并句子

教师：非常好！（问大家）玛丽复习了吗？她复习了多长时间？

学生：她复习了，一个小时。

教师：（一边说句子，一边板书，或者在PPT中展示）

玛丽复习了一个小时。

这样就可以引出第一个句式：S＋V＋了＋C$_{时量}$。

（二）讲练

1. S＋V＋了＋C$_{时量}$

在导入"S＋V＋了＋C$_{时量}$"句式后，教师继续提问：

教师：大卫，你复习了多长时间？

大卫：我复习了半个小时。

教师再让大卫询问别的同学，进行问答接龙，使每个学生都有机会练习这一句式的疑问形式和肯定形式。完成一轮后，教师可以明确地向学生指出，时量补语要放在动词的后面。

2. S＋V＋了＋C$_{时量}$（＋O）/S＋V＋了＋C$_{时量}$＋的＋O

教师进一步询问学生复习了什么内容，如复习生词、语法、课文等，引导学生说出带宾语的形式。在知道了学生都复习了什么以后，教师先提问"你复习了多长时间生词？"，引导学生说出"我复习了半个小时生词"后，再采用刚才的问答接龙形式进行练习。教师可以借助PPT给学生提示不同的动宾短语和时量短语，帮助学生顺利输出。例如：

（1）复习课文，20分钟——我复习了20分钟课文。

（2）写汉字，一小时——我写了一个小时汉字。

（3）玩游戏，一会儿——我玩了一会儿游戏。

在此基础上，教师可以向学生说明：以上带宾语的句子也可以在宾语之前加上助词"的"，两种形式意思相同。例如：

（4）我复习了20分钟的课文。

（5）我写了一个小时的汉字。

这时教师可以再准备一些动词和名词的组合，让学生用上带"的"的句式进行问答，时量补语可以由学生自行补充。例如：

（6）看电视——你看了多长时间的电视？我看了半个小时的电视。

（7）打电话——你打了多长时间的电话？我打了10分钟的电话。

（8）看电影——你看了几小时的电影？我看了两个半小时的电影。

（9）踢足球——你踢了多长时间的足球？我踢了一下午的足球。

3. S + V + O + V + 了 + C$_{时量}$

这种句式的特点是在动宾结构之后重复动词，然后再带时量补语。例如：

（10）我学汉语学了两年，学英语学了八年。

这种句式在语义上常带有对比或区别的意味。对于这种句式，教师可以采用变换句型的方法使学生掌握，即教师先给出上一种带有时量补语的句子，让学生变换为这一句式。例如：

（11）我写了半个小时（的）汉字。——我写汉字写了半个小时。

（12）我吃了一小时（的）午饭。——我吃午饭吃了一个小时。

4. S + V + 了 + Pron./N$_人$ + C$_{时量}$

在初级阶段，能后接人称代词和指人名词的动词比较有限，教师可以用演绎和列举的方法进行教学。教师先说明时量补语在句中的位置，并给出可能出现的动词，如"等""教""找""陪"等，然后再指导学生进行练习。例如：

（13）我等小王 半小时——我等了小王半小时。

（14）我找他 半小时——我找了他半小时。

（15）我陪妈妈 一个周末——我陪了妈妈一个周末。

5. S + V（+O）+ C$_{时量}$ + 了

这一句式也可以仿照上一句式先说明再讲练。我们已经知道，这种句式中的动词为不可持续性动词，在初级阶段这样的动词包括"来""去""回""到""毕业"等。当动词为这些动词时，时量补语表示的是动作结束后到现在的时间。

（16）他是2018年毕业的，现在是2021年。——他毕业三年了。

（17）我是九月来北京的，现在是十月。——我来北京一个月了。

（18）他是去年去上海的，已经有一年了。——他去上海一年了。

在说明的基础上，教师可以结合学生的实际情况进行问答练习。

例如：

　　（19）你来北京多长时间了？——我来北京两个月了。

　　（20）你大学毕业了吗？你毕业几年了？——我毕业三年了。

（三）总结

归纳时量补语在句中的两种位置：

① 补语在宾语之前：当宾语为普通名词时。

② 补语在宾语之后：当宾语为代词或指人名词时；当动词为不可持续性动词时。

（四）课堂活动

任务：介绍我的一天

要求：学生分组介绍自己某天做了什么，要求尽可能多地使用时量补语。小组活动结束后，小组内推选一名代表向全班介绍×××的一天。

注意：在学生的表达过程中，教师要注意学生出现的各种典型性偏误，并及时给予反馈和纠正。

三、典型偏误分析

1. 语序类偏误

（1）*我等了一个小时你们。

正确句：我等了你们一个小时。

说明："你们"为人称代词，应放在时量补语之前。

（2）*他来三年北京了。

正确句：他来北京三年了。

说明：动词"来"为不可持续性动词，"三年"为动作结束后持续的时间，时量补语应放在宾语之后。

2. 遗漏类偏误

（3）*他打球了三个小时。

正确句：他打球打了三个小时。

说明：当宾语紧接在动词之后时，需要重复动词后再加时量补语。

四、练习

（一）将时量补语填入下列句中合适的位置：

1. 我A吃早饭B吃了C。（半个小时）
2. 他去A图书馆B看了C书。（半天）
3. 他A去B北京C了。（三个月）
4. 去年A我们B旅行了C。（两个星期）
5. 我的手机A丢B了C了。（三天）

（二）连词成句。

1. 去 他 两年 美国 了

2. 做饭 妈妈 做 两个小时 了

3. 以后 晚饭 一会儿 看 我们 电视 了

4. 来北京 我 两个月 了

五、知识链接

时量补语在句中的位置是学生容易产生困惑的地方。带有时量补语的句子，当动词带宾语时，动词多具有可持续性。当宾语为人称代词或指人名词时，时量补语位于宾语之后。当动词为不可持续性动词时，如"死""到""来"等，不论是带有表处所等的非代词宾语还是指示代词宾语时，时量补语都位于宾语之后。

六、思考题

1. 时量补语在句中的位置有什么特点？
2. 你认为时量补语的几种句式的讲练应该用归纳法还是演绎法？为什么？

七、参考文献

陈小红. 数量补语的用法和位置[J]. 暨南大学华文学院学报, 2002（3）.

李劲荣. 也谈对外汉语教学的补语系统[J]. 云南师范大学学报（对外汉语教学与研究版），2006（2）.

孙晓丹. 现代汉语中几种常见补语的分析及判别[J]. 现代语文（语言研究版），2015（6）.

周璇. 时量补语习得偏误分析——以时量补语与宾语位置关系偏误为主[J]. 中学语文，2014（12）.

第二十一节　状态补语

一、教学要点

（一）核心语法意义

状态补语是指动词后用"得"连接的表示动作结果状态的补语，部分形容词后也可以使用状态补语。状态补语的结构、语义指向、表达功能都十分复杂，其核心语法意义是对动作行为进行描写或评议。从表达功能上看，状态补语是句子的谓语中心，也是句子的信息焦点。

（二）主要形式与典型例句

1. S + V + 得 + AP

（1）他跑得很快。

2. S + V + 得 + VP

（2）他跑得说不出话来。

3. S + A + 得 + VP

（3）天气热得我什么都不想吃。

注意：语法教学的初级阶段一般只涉及第1类，本节的教学也只针对此类进行讲解说明。

（三）典型情境

状态补语使用的典型情境是对动作行为进行描写或评议，还可以描述动作后的结果。

1. 对动作进行描写

（4）我每天睡得很晚。

2. 对动作行为进行评议

（5）我今天休息得不错。

3. 对动作后的结果进行描述说明

（6）我的房间打扫得很干净。

（四）重点与难点

1. 状态补语的结构

① 在结构上，状态补语里的形容词前必须有"很""非常"等程度副词的修饰，共同构成形容词短语，用于"得"后。

② 句中不能出现描写性状语。例如：

（7）a. *她高兴地吃得很多。

b. 她吃得很多。

状态补语是对动作及动作的受事进行描写的，所以句中不允许出现描写动作及动作的施事的状语。

③ 状态补语多以肯定形式出现。状态补语是描写性的，所以一般多以肯定形式出现。在状态补语中，只有语义指向动作的有否定形式。例如：

（8）篮球她打得不太好。

2. 状态补语三种形式的应用

① 完整形式：S + V + O + V + 得 + AP

完整形式是指状态补语的动词后有宾语。当宾语第一次出现或不说宾语句义就不明确时，就要重复谓语动词。例如：

（9）他打篮球打得很好。

如果只说"他打得很好",听话人不知道是打篮球还是打网球、打排球,所以必须通过重复谓语动词的方式将宾语表达出来。

如果要表达某人会唱歌也会跳舞,因为谓语动词不同,所以不能省略,这时也必须重复动词,否则语义上不完整。例如:

(10)她唱歌唱得很好,跳舞跳得也很好。

② 话题形式:S + O + V + 得 + AP

如果描述一般情况或习惯性动作行为,句中的第一个动词是可以省略的,我们称之为"话题形式"。例如:

(11)他篮球打得很好,足球踢得也不错。

上例中的"打篮球""踢足球"已经是习惯性动作行为,动作"打""踢"本身已经不那么重要了,所以可以省略。

③ 无宾形式:S + V + 得 + AP

如果听话人已经从语境中知晓动作是"打篮球",那说话人便可以用最简单的形式"他打得很好"。初级教材里经常出现如下用例:

(12)A:你会打篮球吗?

B:会。

A:你打得怎么样?

B:我打得很好。

不过,如果动词是"游泳""聊天儿"等离合词,那我们必须使用完整形式,即不能说"她游泳得很好",应该说"她游泳游得很好"。

(五)相关形式

结果补语和状态补语都可以表示动作后的结果,因此学生容易混淆,但它们的句法功能是完全不同的。具体如下:

① 结果补语强调的是动态的变化,而状态补语强调的是静态的描写,一般用来做评价。例如:

(13)a. 衣服太脏了,我洗了两次才洗干净。(结果补语)

b. 那家洗衣店衣服洗得很干净。(状态补语)

"洗干净"是结果补语,强调的是因为某个动作而产生了一种变化，这种变化是一种结果，是与以前相比而发生的。"洗得很干净"强调的是现在的状态，而不是变化。

② 结果补语常为单音节动词或形容词，而状态补语除了对举等特定形式外，大多不是单音节的，而且在描述状态时要有程度副词的修饰。

（14）a. 我唱得对，她唱得不对。（结果补语）
　　　　b. 我唱得好，她唱得不好。（状态补语）

我们的教学目标是让学生了解状态补语的结构特点，明确"得"的连接作用，理解状态补语的句法功能是对动作进行描写或评议，最后能够用状态补语进行表达。

此外，状态补语与可能补语的肯定式也是汉语学习者容易混淆的两类结构，有关这两类结构的区别请参看"可能补语"一节。

二、教学步骤

（一）导入

我们一般会通过图片法导入，即先给学生展示一张非常干净的房间图片，再通过问答引出目标句。例如，教师可以先告诉学生这是大内的房间，然后问学生：房间打扫了吗？干净吗？谁打扫的？学生作答后，教师顺势引入目标句：他打扫得很干净。

（二）讲练

教师接着再给出一张收拾得很整齐的房间图片，给出动词"收拾"，问学生：房间收拾了吗？整齐吗？教师根据学生的回答引导学生说出目标句"她收拾得很整齐"，并给出肯定形式的结构：S + V + 得 + AP。

（1）他打扫得很干净。
（2）她收拾得很整齐。

肯定形式讲解完后再引入否定形式。否定形式的引入可以通过对比选择，将一张收拾得不整齐的箱子图片展示给学生，并询问学生"他收拾得整齐吗？"，引导学生自然输出以下目标句：

（3）他收拾得不整齐。

疑问形式的讲解教师要按照由易到难的顺序依次进行。用"吗"的疑问形式可以引导学生自己输出，"AP＋不＋AP"的疑问形式可以用"我们还可以怎么问呢？"引出，"怎么样"的疑问形式则由教师直接给出。

S＋V＋得＋AP＋吗？

（4）她收拾得整齐吗？

S＋V＋得＋AP＋不＋AP？

（5）她收拾得整齐不整齐？

S＋V＋得＋怎么样？

（6）她收拾得怎么样？

接下来教师要向学生解释说明该结构中的形容词不能是光杆形容词，前面必须添加"很""非常""特别""太""不"等副词，表示程度的不同。教师可以这样进行引导：老师知道我们班最近进行考试了，大家考得好不好呢？请你们用板书上的程度副词回答我的问题。学生应该能说出：

（7）大内考得最好。

（8）山本考得非常好。

（9）西蒙考得很好。

（10）彼得考得不太好。

下面是操练环节，教师也要按照由易到难的顺序分三种类型进行操练，分别是无宾形式、完整形式和话题形式。

无宾形式的操练可以通过用图片引导学生说出目标句的方式进行。为了降低难度，教师可以先给出动词。例如（图略）：

（11）来——她来得很早。

（12）睡——他睡得很晚。

（13）穿——他穿得很帅。

然后教师再要求学生根据自己的实际情况进行相互问答。为了操练顺利进行，问话的一方可以直接给出动词，如：你今天来得早吗？你昨天睡得晚吗？……

完整形式操练的难点在于让学生明白什么时候一定要用完整形式。教师在班里找一名会两项技能的学生，如既会弹吉他又会唱歌，然后问其他学生："如果你想知道他弹吉他怎么样，你会怎么问？"此时学生只能用完整形式发问，即"你弹吉他弹得怎么样？"。接着教师可以问："唱歌呢？"学生此时也必须用完整形式问："你唱歌唱得怎么样？"教师还可以继续发问："如果你要向其他班的同学介绍他，你会怎么介绍呢？"学生必然会用上以下结构和目标句：

S＋V＋O＋V＋得＋AP

（14）他弹吉他弹得很好。

（15）他唱歌唱得也很好。

此时教师一定要向学生说明：因为这是你第一次向其他班的同学介绍他，所以应该说出具体的技能，即"弹吉他"和"唱歌"。接下来，教师可以让学生做一个小练习，即请学生用完整形式介绍自己的爱好。例如：

（16）我做饭做得很好。

（17）我跳舞跳得很好。

（18）我打网球打得不太好，不过我很喜欢。

话题形式的操练，教师可以找一组同一话题的图片，如展示一组打网球、打乒乓球、打篮球、踢足球的图片，问某个学生都会什么运动。当该生说出两个以上的爱好，如"打篮球"和"踢足球"时，教师向全班提问"如果老师只想了解他的篮球水平，应该怎么问？"，从而引出目标句"你篮球打得怎么样？"，然后再接着问"足球呢？乒乓球呢？"，引导学生用话题形式的目标句回答。例如：

S＋O＋V＋得＋AP

（19）他篮球打得很好。

（20）他足球踢得也不错。

这里要向学生说明：如果你只想介绍他某个方面的情况，就可以使用这种形式。接下来，教师还可以先询问学生会做哪个国家的菜，会说什么语言，等等，然后向其他学生进行介绍。例如：

（21）他中国菜做得很好，日本菜做得也不错。

（22）她英语说得特别好，西班牙语说得很好，汉语说得也不错。

（三）总结

① 状态补语的句法功能是对动作行为进行描写或评议。

② 不同结构形式的使用条件如下：

　　A. 对语境中已经明确的对象进行描写或评议时可以使用无宾形式。

　　B. 对首次提到的描写或评议对象进行介绍时可以使用完整形式。

　　C. 对评议对象同一主题下的不同方面进行介绍时可以使用话题形式。

（四）课堂活动

任务1：你问我答，猜猜他是谁

要求：教师给出结构，先做示范，然后请学生猜猜说的是谁。这种活动方式既可以对该结构进行练习，又可以活跃课堂气氛。例如：

（23）他今天穿得很帅。

（24）他打篮球打得很好。

（25）他英语说得特别好，汉语说得也还可以。

注意：教师要向学生展示我们今天所学的语法结构，然后向学生说明该语法结构可以用来介绍一个人各方面的特点。

任务2：介绍一位同学

要求：学生先随机采访一位同学，然后分组进行互相介绍。

提示问题和结构：

你有什么爱好？做得怎么样？（S + V + O + V + 得 + AP）

你会……吗？做得怎么样？（S + V + 得 + AP）

三、典型偏误分析

1. "得"的遗漏类偏误

（1）*今天的作业我做不错。

正确句：今天的作业我做得不错。

说明：这是学生在学习状态补语的初期最容易出现的偏误。受结果补语结构的影响，学生很容易遗漏状态补语的标记"得"。

2. 程度副词的遗漏类偏误

（2）*她唱歌得好听。

正确句：她唱歌唱得很好听。

说明：首先这个句子中遗漏了程度副词，"得"后不能是光杆形容词，必须带有程度副词修饰；其次这个句子中的动词应该重复说，即"她唱歌唱得很好听"，否则语义不明。

3. "了"的误用类偏误

（3）*你们买了得太多了。

正确句：你们买得太多了。

说明：状态补语的句法功能是描写，故不能跟与时间有关的动态助词"着""了""过"连用。

四、练习

（一）完成句子。

1. 她穿得_____。
2. 她笑得_____。
3. 她睡得_____。
4. 她开车开得_____。
5. 她跑步跑得_____。

（二）完成会话。

A：你_____吗？（会）

B：我会_____。

A：你_____怎么样？（V得）

B：_____。（V得）

五、知识链接

状态补语是对外汉语教学中分歧比较大的一个语法点，从名称到语法意义、分类标准、动词和补语的语义关系，都存在分歧，有的语法书称之为"情态补语"。

学习者在习得这一语法点时经常用一般形容词谓语句代替，导致出现偏误。要解决这一问题，我们就要把这个语法点的教学放到语篇的大环境下进行设计。

状态补语涉及三类形式，分别为无宾形式、完整形式和话题形式，弄清什么情况下用哪种形式是难点。第一类是无宾形式，一般听话人已经从上下文语境中知晓描写或评议的对象了，所以不必提起。第二类是完整形式，有的语法书也叫"动词拷贝式"，在初级阶段的教学中教师要创设必须使用的情境让学生体会。第三类是话题形式，这说明动作本身已经不重要了，一般用来描述一般情况或习惯性动作行为。

六、思考题

1. 结果补语和状态补语的作用有何不同？
2. 在状态补语的教学中，我们区分了无宾形式、完整形式和话题形式，请你说说这三类形式分别在什么情况下使用并试着设计一下操练方式。
3. "我们游泳得很长时间"这个例句是留学生常见的偏误，请你先纠正，然后分析一下这类偏误产生的原因。

七、参考文献

刘月华，潘文娱，故铧.实用现代汉语语法（增订本）[M].北京：商务印书馆，2001.

鲁健骥.状态补语的语境背景及其他[J].语言教学与研究，1992（1）.

鲁健骥.状态补语的句法、语义、语用分析在教学中的应用[J].语言教学与研究，1993（2）.

陆丙甫，应学凤，张国华.状态补语是汉语的显赫句法成分[J].中国语文，2015（3）.

熊仲儒.状态补语中的达成"得"[J].语言科学，2014（3）.

赵万勋.基于篇章的情态补语课堂教学设计[J].汉语学习，2011（6）.

第二十二节　程度补语

一、教学要点

（一）核心语法意义

"程度补语"这个语法术语，我们经常听到，但各家所指可能不同。我们采用较为通用的说法，把那些用在形容词和心理动词后表达程度义的补语称为"程度补语"。程度补语可以分为黏合式（不带"得"）和组合式（带"得"）两种，表示某种性质或状态达到了相当高的程度。

（二）主要形式与典型例句

1. 黏合式程度补语

A. S + Adj./V$_{心理}$ + 极了
（1）我们开心极了。

B. S + Adj./V$_{心理}$ + 透了
（2）那个人坏透了。

C. S + Adj./V$_{心理}$ + 死了
（3）这歌难听死了。

D. S + Adj./V$_{心理}$ + 坏了
（4）她气坏了。

2. 组合式程度补语1

E. S + Adj./V$_{心理}$ + 得 + 很

（5）这屋里热得很。

F. S＋Adj./V$_{心理}$＋得＋慌

（6）他心里堵得慌。

G. S＋Adj./V$_{心理}$＋得＋不得了

（7）孩子的父母急得不得了。

H. S＋Adj./V$_{心理}$＋得＋要命/要死

（8）他们渴得要命/要死。

I. S＋Adj./V$_{心理}$＋得＋够呛

（9）大家都累得够呛。

3. 组合式程度补语2

J. S＋Adj./V$_{心理}$＋得＋VP（结果小句）

（10）孩子们高兴得跳了起来。

上述不同的语言形式表达的都是"程度很高"的语法意义，体现了汉语表义丰富性的特征。不过，初级阶段的汉语学习者不需要也不可能一下子全部掌握。在初级阶段，汉语学习者先接触到的一般是A、E、J三种，即由"极了""得＋很"和"得＋VP"表示程度的程度补语句。下文我们也主要以这三种程度补语句为例来介绍初级阶段程度补语的教学。

（三）典型情境

程度补语表示程度高，常用于口语，主要抒发强烈的主观情绪。其中，"……得＋很"表示程度很高，"……极了"表示程度高到极点，二者在程度的高低上有差别。二者"程度高"的语法含义都是通过补语（"很""极"）的词汇意义来传达的。而"高兴得跳了起来"（"……得＋VP"）这一类程度补语表示程度高，则是通过对因"高兴"而带来的动作情状进行描述说明（"跳了起来"）来传达的，起到了加深"高兴"的程度的作用（高兴得都跳起来了，可见有多高兴）。在"高兴得跳了起来"这一类程度补语句中，"得"字后的部分常是动词短语，它表述的是前面的形容词或心理动词所带来的结果，且通常和前面的形容词或心理动词有因果关系（因为太高兴了，所以跳起来了）。

（四）重点与难点

程度补语的语法意义较容易为学生所习得。但是，将表程度范畴的词语放在谓词性成分后作为补语来表达是汉语的一个特点，其他语言中较为少见。学生受其母语的影响，在交际过程中往往会回避或者想不到使用程度补语。因此，如何通过教学使学生意识到汉语有使用补语来表达程度高这一特点，并通过充分的课堂操练使学生熟练掌握程度补语的格式和意义，培养他们使用程度补语的语感，是我们在教学设计时要重点考虑的内容。

（五）相关形式

1. "很X"

"很"可以在谓词性成分前做状语表示程度高，也可以在谓词性成分后做补语表示程度高，我们分别用"很X"和"X得很"表示。"很X"和"X得很"在句法功能、语义类型、程度轻重等方面都存在差异，具体如下：

在句法功能上，"很X"在句中可以充当谓语、定语、状语和补语，而"X得很"在句中一般只充当谓语。二者在句法功能上的不同表现，我们可以参看下表（史有为，1994）：

表22-1 "很好"与"好得很"的句法区别

	很好	好得很
谓语	这样做很好。（不强调程度）	这样做好得很。（强调程度）
定语	这是个很好的例子。	*好得很的例子
状语	你已经很好地完成了任务。	*好得很地完成了任务
情态补语	睡得很好	?睡得好得很

在语义类型上，"很X"可以表示程度义，也可以表示非程度义；而"X得很"只表示程度义。

在实际语言中，"很X"并不都表示程度义，上表中的例子"这样做很好"中的"很"就没有特别强调程度的意思。从某种意义上说，这个句子中"很"的意思被弱化了；但是如果去掉"很"，这个句子便会产生比较意味，就不是说话人原先想表达的意思了。语言事实中"很"的这种用法非常常见，如"她很漂亮""这本书很新"。"很"在这些句子中的主要作用是使句子自足、取消句子的比较意味和协调音节韵律，并不强调程度。很多学生正是因为不了解"很X"的非程度义，才会出现"她漂亮""这本书新"这样的偏误。而"X得很"则一定是强调程度的。

在程度轻重上，"X得很"比"很X"表示的程度更高，程度义更重。例如，"今天热得很"虽然可以替换成"今天很热"，但"热得很"表示的程度更高。这是因为"很X"的信息焦点在"X"上，而"X得很"的信息焦点在"很"上，因而更凸显其程度高的意义。

此外，"很X"中"X"的取值范围比"X得很"中"X"的要大，结构形式也更丰富多样。例如："很X"中的"X"可以是"成问题""为自己的孩子感到骄傲"等较复杂的动词结构，而"X得很"中的"X"一般只能是单音节或双音节的形容词或心理动词。

2. 状态补语结构"一般动词 + 得 + VP"

前面我们说过，形容词或心理动词后加上结果小句（"Adj./V$_{心理}$ + 得 + VP"）常用来表示程度，如"高兴得跳了起来""热得满头大汗"。"跳了起来""满头大汗"分别是"高兴"和"热"的结果，在句中用来表示"高兴"和"热"的程度很高，是程度补语。这一类程度补语变换成其他形式的程度补语时，核心语义不发生变化。例如：

（11）高兴得跳了起来——高兴极了/高兴得不得了

（12）热得满头大汗——热得很/热坏了

一般动词后边也可以加上结果小句，如"洗得干干净净""跑得出了一身汗"，一般认为这些结果小句不表示程度而表示状态，是状态补语。这是因为这些句子的谓语中心语是一般动词。与形容词和心理动词不同，一般动词不具有程度属性，所以后边的结果小句也就不表示程度。而且，"一般动词＋得＋VP"也不能变换成其他形式的程度补语（句法上不成立，语义上也有缺损）。例如：

（13）洗得干干净净——*洗得不得了

（14）跑得出了一身汗——*跑得很

二、教学步骤

（一）黏合式程度补语"……极了"和组合式程度补语"……得很"

1. 导入

程度补语多用来表达说话人的主观感受，教师可以通过询问学生对身边事物的感受自然导入。例如，如果教学当天天气很好，教师可以提问学生"今天天气怎么样？"，引导学生说出下列目标句：

（1）今天天气好极了。

（2）今天天气好得很。

2. 讲练

引出目标句之后，教师可以顺势给出相应的句法格式，说明"极了"和"得很"的句法位置——位于形容词或心理动词的后边，具体如下：

S＋Adj./V$_{心理}$＋极了

S＋Adj./V$_{心理}$＋得＋很

教师可以在黑板上画一条表示程度由低到高的"程度线"，在中间做个记号，告诉学生这是他们已经学过的"很"的位置；在最上端做个记号，告诉学生这是极点，不能再高了。然后，教师再带领学生找一找上述两例中的"好极了"和"好得很"应处的位置："好极了"大概处于这条"程度线"的顶端,"好得很"大概位于中间线"很"和顶端"极了"之间。

接下来教师要多用例子帮助学生熟悉和掌握"……极了"和"……得很"这两种格式的意义和用法。教师可以根据学生的特点用不同的方法进行这一步,图片法、替换法都可以。如果想继续利用黑板上的"程度线",那教师可以事先准备一些写好形容词或心理动词的卡片,如"漂亮""伤心",把它们放在"程度线"上的不同位置,让学生说出相应的含有"……极了"或者"……得很"的句子,如"她漂亮得很""我伤心极了"。

需要注意的是,"极了"和"得很"一般都不能用在表示否定的句子中,它们前边的形容词或心理动词可以是褒义的(如"方便"),也可以是贬义的(如"麻烦")。教师要通过讲练让学生了解这些特点,避免学生在日后的使用中出现偏误。例如,教师可以在准备的词卡中既放入褒义形容词或心理动词,也放入贬义形容词或心理动词,再混入几张由"不"加上形容词或心理动词的词卡,通过练习,向学生强调褒义词和贬义词都可以出现,但否定词不可以出现。

3. 总结

黏合式程度补语"……极了"和组合式程度补语"……得很"在语义和句法上的特点如下:"极了"和"得很"用在形容词或心理动词的后边,都表示程度高,不过这二者在程度高低上又有一些差别;"极了"和"得很"前边的形容词或心理动词可以是褒义的,也可以是贬义的;"极了"和"得很"不能用在表示否定的句子中。

4. 课堂活动

任务:实地调查

要求:为了让学生能够尽可能多地使用程度补语句,调查的内容应主要围绕对某事、某物、某地的评价。教师事先准备好调查的问题和回答这些问题可能要用到的形容词或心理动词的卡片,学生分小组讨论这些问题,并用手中的形容词或心理动词卡片将讨论结果贴在"程度线"的相应位置。

例如,教师可以让学生调查班里同学对学校食堂的看法,并事先准备好以下问题和词语卡片:

学校食堂大不大?(大/小)

中午吃饭的时候,食堂里人多不多?(多/少)

食堂干净吗?(干净/脏)

服务员的态度好不好?(好/差)

食堂的饭菜好吃吗?贵不贵?(好吃/难吃、贵/便宜)

在食堂吃饭方便吗?(方便/麻烦)

你们对食堂满意吗?(满意/失望)

在食堂吃饭,你们担心吗?(放心/担心)

……

(二)组合式程度补语:S + Adj./V$_{心理}$ + 得 + VP(结果小句)

1. 导入

我们可以用图片法导入。例如,教师出示下面的图片(图22-1),问学生"他怎么了?",学生一般会说出"他太累了""他走不动了"类似的句子。教师在学生回答的基础上再强调"累"的程度,如教师可以说"是的,他非常累,因为太累了,他已经走不动了",从而引出目标句:

图22-1

(3)他累得走不动了。(目标句)

2. 讲练

接着，教师可以向学生提问："特别累的时候，你会怎么样？"教师可以给出一些提示帮助学生回答，如"不想动""一上床就睡着了""什么都不想做"等等，并引导学生说出下面的句子：

（4）我累得不想动。

（5）他累得一上床就睡着了。

（6）玛丽累得什么都不想做。

"得"前除了"累"以外，还可以出现其他形容词或心理动词，教师在讲练中也要有所体现。例如，教师可以问学生"你们有没有特别紧张的时候？""特别紧张的时候，你会怎么样？"。通过引导，学生可能会说出下面的句子：

（7）我紧张得一句话都说不出来。

（8）她紧张得手里都是汗。

（9）他紧张得一会儿站起来，一会儿坐下去。

教师也可以通过图片帮助学生打开思路，引导学生说出更多的句子。例如：

（10）她紧张得晚上睡不着。

（11）他们高兴得跳了起来。

（12）他气得不想吃饭。

3. 总结

① 带领学生归纳出句型：S＋Adj./V$_{心理}$＋得＋VP（结果小句）。

② 强调这类程度补语句的使用特点："得"前是形容词或心理动词，"得"后常是动词短语，有时也可以是一个小句（用VP表示）；"得"字前后的这两部分通常具有因果关系，"得"后的内容是"得"前的形容词或心理动词带来的结果；这个格式主要是说明形容词或心理动词所表示的性状达到了很高的程度，并造成了"得"后的结果。

4. 课堂活动

任务：你演我猜

要求：教师提前写好纸条，纸条上都是"高兴得跳了起来"这种形式的程度补语句，然后请1~2名学生表演纸条上的内容，其他学生猜猜他们表演的是什么，并用"S + Adj./V$_{心理}$ + 得 + VP（结果小句）"句式表达出来。

（三）综合小结

教师要引导学生回顾初级阶段常用的这三种程度补语形式及各种形式使用的不同特点，提醒学生注意汉语用补语来表示程度这一特点。

（四）综合课堂活动

任务：换一种说法

要求：教师事先设计好一个接近学生语言水平、有意义且集中包含一些由副词表达的、表示程度高的句子的语段，课堂上请学生用学过的程度补语句进行替换。教师可以提供的语段如下（画线的句子是希望学生替换的句子）：

昨天，老师说要带我们去长城玩儿，我非常高兴，一个晚上都没睡好觉。今天一大早，我们就出发了。今天的天气真好，蓝蓝的天，白白的云，同学们的心情也都特别好。我们一路听着音乐、聊着天儿，很快就到了。

没想到长城建在那么高的山上，我和同学们一起往上爬。刚爬了一会儿，我就觉得很累，坐在地上不想动了。这时我看到很多老人也来爬长城了，他们好像一点儿也不累，特别轻松。我想，他们能爬上去，我也一定行的。最后，我终于爬上了长城，我太激动了！我拍了很多长城的照片，秋天的长城真美！这一天，我玩儿得非常开心。还有一件有意思的事，因为爬长城出了很多汗，回到车里，我特别渴，一下子喝完了两瓶水！

> 注意：在实际教学中，教师可以根据学生的水平决定是否让他们自己找出这些句子并替换。为增加活动的趣味性，提高学生参与的积极性，教师可以采用分组比赛的方法，看哪组完成得既快又好。

三、典型偏误分析

1. 误加类偏误

（1）*这儿的东西不贵得很。

正确句：这儿的东西贵得很。/这儿的东西便宜得很。

说明：程度补语不能用在否定句中，即程度补语前不能出现否定词。

2. 冗余类偏误

（2）*我们都非常高兴得流下了眼泪。

正确句：我们都高兴得流下了眼泪。

说明：在程度补语句中，形容词或心理动词前不需再加程度副词。

四、练习

（一）请用"……极了"或者"……得很"回答问题。

1. 今天天气怎么样？
2. 今天你高兴吗？
3. 晚上10点了，妹妹还没回家，你担心吗？
4. 你们学校食堂的饭菜好吃吗？
5. 他汉语说得跟中国人一样，你羡慕他吗？

（二）连线。

忙得　　　　　　　晚上睡不着

吵得　　　　　　　风一吹就倒了

气得　　　　　　　满头大汗

瘦得　　　　　　　没时间上厕所

热得　　　　　　　说不出话

五、知识链接

在各类补语中，程度补语历来争议很多，从概念的运用到意义的界定，都没有达成共识，因此显得有些混乱。语言学界有关程度补语的争议值得注意的有以下这些：

刘月华等（2001）把程度补语分为两类：不用"得"连接的程度补语（常用的有副词"极"以及动词"透""死""坏"等）和由"得"连接的程度补语（主要是副词"很""慌""多""不得了""要死""要命""不行"等），带"得"的表程度的动词性结构（如"高兴得流下了眼泪"）被排除在外。"高兴得流下了眼泪"这一类补语属于什么类型？学界意见不太统一，有的说是状态补语，有的说是结果补语。孙德金（2002）、李劲荣（2006）等认为这类补语"无论是状态还是结果，归结起来都是表现某种性状的高程度"，因而应该归入程度补语。

关于一般动词能否带程度补语，学界也有不同的意见。马真（1988：68）认为可以，"如例'看得忘了吃饭'，'忘了吃饭'是由'看'所引出的一种结果，但实际意义不在强调'看'的结果，而在强调'看'的程度"。而朱德熙（2003）、宋玉柱（1990：33）认为，"用在形容词和少数动词（主要是表示心理活动的动词）后面表示性状的程度"的补语才是程度补语，因为"'程度补语'的'程度'不能是指补语本身，而应该是指中心语的程度"，一般动词（如"看"）没有程度可言，因而不能带程度补语。

六、思考题

1. 请分析下面三个句子的异同：
   （1）他高兴极了。
   （2）他高兴得很。
   （3）他高兴得跳了起来。
2. 如果今天的汉语课要学习"他高兴得跳了起来"这样的句子，你会如何导入？

七、参考文献

李劲荣. 也谈对外汉语教学的补语系统[J]. 云南师范大学学报（对外汉语教学与研究版），2006（2）.

刘月华，潘文娱，故韡. 实用现代汉语语法（增订本）[M]. 北京：商务印书馆，2001.

马真. 简明实用汉语语法（修订本）[M]. 北京：北京大学出版社，1988.

史有为. "好极了"、"好得很"之谜[J]. 汉语学习，1994（6）.

宋玉柱. 谈谈"程度补语"[J]. 逻辑与语言学习，1990（2）.

孙德金. 外国留学生汉语"得"字补语句习得情况考察[J]. 语言教学与研究，2002（6）.

朱德熙. 语法讲义[M]. 北京：商务印书馆，2003.

第二十三节　简单趋向补语

一、教学要点

（一）核心语法意义

简单趋向补语，是指用在动词后由表示趋向的动词"来""去""上""下""进""出""回""过""起""开""到"等充当的补语，一共11个。趋向补语的基本意义是趋向义，也就是趋向动词本身所表示的意义，即人或物体因动作而在空间位置移动上的结果。例如，"来"表示向立足点移动，"去"表示离开立足点向另一目标移动，"上"表示由低处向高处移动，"下"表示由高处向低处移动。在简单趋向补语中，"来"与"去"、"上"与"下"、"进"与"出"具有反义关系。

（二）主要形式与典型例句

$S + V + C_{简趋} + O$

（1）他拿来一本书。
（2）妈妈走下楼。
（3）他还没有走出教室。

（三）典型情境

简单趋向补语主要用来表示方向，表达人或物体因动作而发生的空间位置移动。例如：

（4）他从楼上下来，走出房门，向我走来。

（5）他拿出一本书，放到书架上。

（6）他抱起孩子，走回卧室坐下。

（四）重点与难点

① 趋向动词"上""下""进""出"等做主要谓语动词，"来""去"做补语时，处所宾语必须位于"来""去"之前，这是学生学习该语法点时的最大难点。在学生输出的句子中，常常会出现如"你什么时候回去你的国家"的偏误。

② "了"在带有简单趋向补语的句子中的位置。带"了"的结构可以是"V+C$_{简趋}$+了+O"，如"买来了一杯咖啡"；也可以是"V+了+O+C$_{简趋}$"，如"买了一杯咖啡来"。但"了"不可以位于动词和简单趋向补语之间，"买了来一杯咖啡"这种说法是错误的。

③ 有些简单趋向补语意义相近，如何准确区分，也是教学的难点之一。例如，"上"和"起"都表示从低的地方到高的地方，但用"上"的时候，后面要跟可以做处所用的名词，如"走上飞机""爬上山"；用"起"的时候，后面要跟一般名词，如"举起手""搬起石头"。此外，"上"更着眼于位移的终点，如"飞机""山"是"上"的终点；"起"更强调离开某处，如"从床上坐起"。

（五）相关形式

趋向补语与可能补语有很大的关联。如果在动词和简单趋向补语之间加入"得"或者"不"，就可以构成可能补语。例如：

（7）走出→走得出/走不出

（8）拿起→拿得起/拿不起

（9）车需要加油了，不然就开不回家了。

（10）这么重要的人物，你请得来请不来啊？

二、教学步骤

（一）导入

教师可以采用图片法进行导入。例如，在讲解简单趋向补语"上"和"下"时，教师可以展示一张登机的图片（图略），引导学生进行如下问答：

教师：在这张图里，你看到了什么？
学生：他们上飞机。
教师：他们在走还是在跑？
学生：他们在走。
教师：那我们可以说"他们走上飞机"。他们下飞机时，我们可以怎么说？
学生：他们走下飞机。
教师：很好。"上"是从低向高，"下"是从高向低。

经过以上导入，教师再向学生展示含有简单趋向补语的句子的结构形式，即：$S + V + C_{简趋} + O$。

（二）讲练

含有简单趋向补语的句子的结构形式相对简单，学生理解和掌握起来并不困难。在讲练环节，教师重点要让学生掌握每一个趋向补语的意义。因为每一个简单趋向补语的意义各不相同，我们对于其意义的讲解方法也要有所不同。不过总的原则是多使用图片法和动作演示法，这两种方法都可以让学生直观有效地明确简单趋向补语的意义。

例如，在讲解简单趋向补语"过"时，教师向学生展示飞机飞行的图片（图略），并问学生：

教师：刚才飞机的下面是城市，现在飞机的下面是什么？
学生：是一条河。
教师：刚才是城市，现在是河，这个变化要怎么说呢？我们可以说"飞机飞过城市"。这里的"过"表示经过某个地方。我们还可以说"走过十字路口""游过那条河"。

动作演示法是指教师利用自己的肢体动作演示出简单趋向补语的方向义。例如，在导入"进""出""回"等简单趋向补语时，教师可以利用从教室出去又进来的动作，引导学生说出"走进教室""走出教室""走回教室"等表示不同方向义的表达。

在导入"来"和"去"时，教师可以请一名学生协助，以自己为立足点，向学生们演示"走来""走去""拿来""拿去"，引导学生说出"他向我走来""他向你们走去""他拿来一本书""他拿去一支笔"等句子，并通过立足点的变换，向学生说明立足点和"来""去"的关系。

接下来，教师要通过多种操练方法进行简单趋向补语的练习和巩固。

第一种操练方法是连线法，即教师向学生提供动词、简单趋向补语、宾语三组词，让学生按照"动词→简单趋向补语→宾语"的顺序连线，并说出正确的句子。例如：

动词　　简单趋向补语　　宾语
走　　　　起　　　　　　山
拿　　　　上　　　　　　手
跑　　　　来　　　　　　笔
举　　　　下　　　　　　楼

学生可以说出"走下楼""跑上山""举起手""拿来笔"等句子。

这种机械操练可以加深学生对简单趋向补语结构的认识。接下来我们可以用选词填空法进行操练，即教师给学生提供一组句子，学生选择恰当的简单趋向补语填入句中相应的位置，并读出句子，说明理由。例如，关于"来"和"去"，教师可以提供下列一组句子，让学生用"来"和"去"填空：

a. 他给我寄_____一个礼物。（来）
b. 我从书店买_____一本书。（来）

c. 小明给妈妈打_____一个电话。（去）

d. 这本书是从图书馆借_____的。（来）

这样的练习可以帮助学生进一步思考和理解"来"与"去"的使用条件。

在此基础上，教师可以利用图片引导学生用目标句描述图片中的动作或事件。图片上的内容可以是：她从包里拿出手机、孩子们走进幼儿园、老师打开窗子……教师应及时对学生说出的句子进行点评和纠错，帮助学生建立正确的认知。

在掌握了简单趋向补语的基本结构后，教师应该专门设计一个环节讲解带宾语的趋向补语的语序问题。宾语与趋向补语的位置关系可以分为三种情况讲解：

① "上""下""进""出"等做简单趋向补语时，处所宾语要位于趋向补语后。例如：

（1）同学们走进教室。

（2）他们还没有走下山。

② 在"一般动词 + 来/去"这种结构中，宾语的位置有两种，可以在"来/去"的前边，也可以在后边。例如：

（3）玛丽搬了一把椅子来，坐下了。

（4）玛丽搬来一把椅子，坐下了。

③ 如果趋向动词"上""下""进""出"等做主要谓语动词，"来""去"做补语，即在"$V_{趋向}$ + 来/去"结构中，处所宾语只能位于"来""去"之前。例如：

（5）太晚了，我要回家去。

（6）叫你哥哥到学校来。

（三）总结

① 归纳简单趋向补语与动词的位置关系。

② 归纳简单趋向补语与宾语的位置关系：

A. 事物宾语与"上""下""进""出"类趋向补语的位置关系有三种：前宾式、后宾式和用"把"字把宾语提前的结构。与"来""去"类趋向补语的位置关系有两种：前宾式和后宾式。

B. 处所宾语与"上""下""进""出"类趋向补语的位置关系只有一种，即后宾式。

（四）课堂活动

任务1：我说你做

要求：学生4~5人一组，其中一人说出一个带有简单趋向补语的指令，其他人根据指令做出相应的动作，如"打开书""把那支笔拿来""举起这瓶水"等，做得又快又对的学生可以发出一个带有简单趋向补语的新指令。

这个活动也可以变成"我做你说"，一人做动作，其他人用带有简单趋向补语的句子描述他的动作，说对的学生做下一个动作，依此类推。

任务2：故事接龙

要求：学生4~5人一组，每人一句共同讲述一个故事，如买东西、回国、旅行、聚会等，尽量用上带有简单趋向补语的句子，看相同时间内哪一组的故事中用的简单趋向补语最多且最准确。

三、典型偏误分析

1. "来"的语序类偏误

（1）*他的要求给我带困难来了。

正确句：他的要求给我带来了困难。

说明："V来"这种简单趋向补语结构中的宾语有两种位置，如"拿来一本书"和"拿一本书来"。但宾语如果是抽象名词，那只能位于"来"后。

2. "了"的语序类偏误

（2）*前边走了来一个人。

正确句：前边走来了一个人。

说明：简单趋向补语后需要加"了"时，"了"应该放在补语后。

四、练习

（一）用"进/出""来/去""开""回""到""过"完成下面的对话：

1. （教室里，上课前）

    玛丽：你的字典呢？

    大卫：我的字典昨天王平借_____了。

    玛丽：麻烦你告诉他一会儿带_____，行吗？

    大卫：他今天请假了，我放学后到他那儿取_____给你送_____吧。

    玛丽：麻烦你了，谢谢！

2. （教室里，课间休息时）

    汤姆：大卫，看见王平了吗？

    大卫：他刚走_____教室。

    汤姆：哎呀，我刚走_____教室他却出去了。他是跑_____宿舍了吗？

    大卫：对，他要跑_____宿舍去取作业。

    汤姆：太好了！我要给他打电话，让他路_____食堂时帮我买一瓶可乐。

3. （教室里，下课后）

    玛丽：汤姆，你的书包放_____我的桌子上了。

    汤姆：不好意思，我马上把它拿_____。

五、知识链接

　　关于第二语言习得者在趋向补语学习过程中出现偏误的原因，王亚茹（2019）认为主要有这样几种：母语负迁移（习惯依赖自己的母语知识和经验对句法或知识点进行类推，因而造成了偏误）、目的语知识负迁移（习惯用所学的目的语语法规则和知识进行类推，并将这种规则不恰当地套用在新的语言形式上，从而导致目的语语法规则过度泛化，造成偏误）、学习策略的影响（第二语言学习者对语法点的掌握不够熟练，习惯采用"避繁就简""避难就易"和"转换说法"等回避策略）、学习环境和教学方面的不足（体现在教师对知识点的解释和引导不够全面、严谨，教材的编排不科学或不恰当，课堂训练出现偏差，等方面）。

六、思考题

1. 如何确定简单趋向补语结构"V来""V去"的立足点？
2. 可以用什么方法导入简单趋向补语的教学？

七、参考文献

郭晓麟.简单共现趋向结构与远距离认知位移事件[J].汉语学习，2013（4）．

郭晓麟.现代汉语趋向结构系统的功能研究——基于事件语义学的考察[M].北京：中国书籍出版社，2016.

刘月华，潘文娱，故铧.实用现代汉语语法（增订本）[M].北京：商务印书馆，2001.

吕叔湘.现代汉语八百词（增订本）[M].北京：商务印书馆，1999.

王亚茹.趋向补语偏误分析及教学策略[J].海外英语，2019（6）．

张伯江，方梅.汉语功能语法研究[M].南昌：江西教育出版社，1996.

第二十四节　复合趋向补语

一、教学要点

（一）核心语法意义

复合趋向补语是指用在动词后由表示趋向的动词"来""去"与"上""下""进""出""回""过""开""起""到"等组成的短语充当的补语。常见的复合趋向补语共有17个。

复合趋向补语的基本意义为趋向义，即趋向动词本身所表示的方向义，也就是人或物体因动作而在空间位置移动上的结果。"上来"表示人或物体因动作由低处向高处移动，立足点在高处。例如：快点儿跑上楼来！立足点是说话人说话时的位置，即楼上。"上去"表示人或物体因动作由低处向高处移动，立足点在低处。例如：我赶紧跑上楼去。立足点是"我"所在的位置，即楼下。"过来"表示因动作人或物体经过某处所，或向立足点移动。例如：那辆车开过来了。"上来"与"上去"、"下来"与"下去"、"进来"与"进去"等具有反义关系。

（二）主要形式与典型例句

$S+V+C_{复趋}(+O)$

（1）你把这张桌子搬上去吧。

（2）刚刚有人从楼下跑上来了。

（3）您从这儿走下去就到办公室了。

（三）典型情境

复合趋向补语主要用来表示方向，表达人或物体因动作而发生的空间位置移动。例如：

（4）孩子向妈妈跑过来，妈妈也赶快跑过去，把孩子抱了起来。

（四）重点与难点

① 在含有复合趋向补语的句子中，趋向补语和宾语的位置同样是教学的重点与难点。事物宾语与趋向补语的位置关系比较灵活，而处所宾语与趋向补语的位置关系是固定的，只能位于"来""去"之前。如果不讲清楚这一点，学生就可能说出如"下课了，大家都走出去教室"的偏误句。

② 在含有复合趋向补语的句子中，"了"可以出现在动词后、补语前，也可以出现在补语后。当"了"出现在动词后时，它主要叙述某一动作的发生，句子的动作性更强。例如"他一进家，就把孩子抱了起来"，这个句子的重点是"他"做出"抱孩子"的动作。当"了"位于补语后时，它主要表示一种事情或状态的出现。例如"我到家时，他们已经把车开回来了"，这个句子表示"把车开回来"的状态已经出现。

（五）相关形式

复合趋向补语和简单趋向补语的区别是汉语学习者觉得困惑的一个地方，二者的区别具体如下：

在意义上，复合趋向补语增加了"来""去"类表达相对位移的成分。由于学生已经学过"走进教室"这样的结构，在讲解"走进教室来"这样的结构时，教师应该向学生讲解"来""去"趋近或背离说话人方向的意义，使学生明确"走进"无关说话人的位置，表达的是绝对位移，而"走进来"除了表达绝对位移外，还表达了位移者与说话人的相对位置关系。位移者与说话人相对位置关系的表达在汉语中已经语法化，这是汉语有别于其他语言的一个特点。

在完句功能上，复合趋向补语具有较强的完句功能，而简单趋向补语则要借助宾语或其他成分才能表达一个完整的句子。例如：

（5）a. *车子从外边开进了。

　　　b. 从外边开进了一辆车。

　　　c. 车子从外边开进了院子。

（6）a. 车子从外边开进来了。

　　　b. 车子从外边开进院子来了。

例（5）a的句子不成立，但后边加上宾语后，（5）b、（5）c就都可以接受了。例（6）的两个句子都成立，其中（6）a中的复合趋向补语后没有宾语，句子也可以成立。

二、教学步骤

（一）导入

复合趋向补语可以通过简单趋向补语导入，教师可以采用动画法。例如，教师先给学生播放两段自己录制的学生视频，第一段是某个学生走进教室，第二段是另一个学生跑进教室。教师可以借助已经学过的"他进来了"这种结构，与学生进行如下问答：

教师：艾米和山姆都怎么样？

学生：他们都进来了。

教师：艾米是怎么进来的？

学生：她是走进来的。

教师：山姆呢？

学生：他是跑进来的。

教师："走进来""跑进来"就是今天我们要学习的语法。

教师展示结构：S＋V＋C$_{复趋}$（＋O）。

（二）讲练

与简单趋向补语一样，复合趋向补语的基本结构形式是比较固定的，不需要进行过多的讲解。教师首先要让学生理解复合趋向补语的意义。

有了简单趋向补语做铺垫，复合趋向补语的讲解就比较容易了，教师可以通过动画演示法来进行。例如，教师用动画来演示叶子落下来的过程，引导学生说出目标句：

（1）叶子落下来了。

再如，教师展示动画"一个孩子手中拿着气球，手一松，气球飞出"，引导学生说出目标句：

（2）气球飞上去了。

教师还可以通过动作演示，让学生理解并说出复合趋向补语。例如，教师做出"拿起来一支笔""把钱包放进去""走出去""走过来"等动作，引导学生说出相关的目标句。

在学生理解了复合趋向补语的结构形式和意义后，教师还要通过多种方法对复合趋向补语进行操练。例如：

方法一：老师说大家做。教师说出含有复合趋向补语的指令，例如"站起来""坐下去""拿起来""走过去""举起来""放进去"等，学生按教师的指令做出相应的动作。

方法二：老师做大家说。教师做动作，学生用"V + $C_{复趋}$"的结构描述教师的动作。

方法三：描述图片。教师展示图片，学生用含有复合趋向补语的句子描述图片中的动作或情况，例如"小狗跑进去了""他跑回家去了""他举起来一只手"等。

方法四：卡片配对。教师用PPT展示出所有的复合趋向补语，并从事先准备好的动词卡片中抽取一张，学生在所有的复合趋向补语中找到可以和这个动词搭配使用的并说出来。例如，教师抽出"拿"这个动词，学生可以说出"拿上去""拿下去""拿回去"等搭配。如果要提高难度，教师可以让学生在复合趋向补语后加上宾语，如"拿回家去"，最后再说出完整的句子,如"我把菜拿回家去"。

　　在讲练环节,复合趋向补语填空、动词和复合趋向补语连线、把复合趋向补语放在句中合适的位置上等各种机械操练方式都可以视学生情况选择使用,这可以帮助学生加深对复合趋向补语的认知。

　　同样,由于宾语的位置问题一直是复合趋向补语教学的难点,在掌握了复合趋向补语的基本结构后,教师应该专门设计一个环节讲解宾语的位置问题。宾语与复合趋向补语的位置关系可以分为三种情况讲解:

　　① 当宾语为处所名词时,宾语位于复合趋向补语的中间。例如:

　　(3) 他明天就要飞回美国去了。

　　(4) 他半个小时前跑回宿舍去了。

　　② 当宾语为事物名词时,有四种位置:

　　A. 宾语位于复合趋向补语中间,这种情况最为常见,既可以用于已经发生的动作,也可以用于尚未发生的动作。例如:

　　(5) 这时他从房间里搬出一把椅子来。(已经发生)

　　(6) 你从房间里搬出一把椅子来。(尚未发生)

　　B. 宾语位于复合趋向补语的后边,一般用于已经发生的动作。例如:

　　(7) 他从房间里搬出来一把椅子。

　　C. 宾语位于复合趋向补语的前边,这种情况很少见,一般用于尚未发生的动作。例如:

　　(8) 从房间里搬一把椅子出来。

　　D. 用介词"把"将宾语提到动词前,这种情况最常见。例如:

　　(9) 把椅子从房间里搬出来。

(三) 总结

　　① 归纳复合趋向补语与动词的位置关系。

　　② 归纳复合趋向补语与宾语的位置关系:

　　A. 复合趋向补语与事物宾语的位置关系:前宾、中宾、后宾,以及用"把"提到动词前。

B. 复合趋向补语与处所宾语的位置关系只有一种，即中宾式。

（四）课堂活动

任务1：锦囊妙计

要求：教师提前准备一个装有包含复合趋向补语指令的袋子，学生从中抽取一个指令，并根据这个指令做动作，其他学生猜是什么动作，并用含有复合趋向补语的句子说出来，说对的学生抽取下一个指令。

任务2：教你一招

要求：学生4~5人一组，每组选取一个主题，如"怎样网购""怎样做西红柿炒鸡蛋""怎样点外卖"等。每组学生围绕本组主题，尽量用含有复合趋向补语的句子介绍做某件事的方法或程序。例如，关于"怎样做西红柿炒鸡蛋"，学生可以说出"把油倒进去""把菜盛出来"等复合趋向补语句。每组讨论完后，选一个代表向全班学生进行介绍，其他学生可以就介绍的内容进行提问。

三、典型偏误分析

1. 宾语的语序类偏误

（1）*他跑下来楼了。

正确句：他跑下楼来了。

说明：当宾语为处所名词时，宾语应当位于复合趋向补语的中间。

2. "来""去"的遗漏类偏误

（2）*她跑上楼去，妹妹也跟着跑上。

正确句：她跑上楼去，妹妹也跟着跑上去。

说明："来""去"做趋向补语时可以表达说话人的立足点，这是汉语中比较独特的用法。学习者由于母语负迁移的影响，经常会遗漏"来""去"。

四、练习

（一）将所给词语放在句中合适的位置上。

1. 我正在看书，他突然跑A进B房间C了。（来）
2. 爸爸的车开A过B来C。（了）
3. 吃完饭，他拿A出B钱包C。（来）
4. 老师已经走进A教室B去C。（了）

（二）改错。

1. 他们已经走进去酒店了。
2. 妈妈把孩子带了回来家。
3. 小鸟飞了上天去。
4. 我们把椅子搬出去房间吧。

五、知识链接

趋向动词的范围划定存在一定的争议，其中意见较一致的包括8个简单趋向动词，即"上""下""进""出""回""过"和"来""去"；以及12个复合趋向动词，即"上来""上去""下来""下去""进来""进去""出来""出去""回来""回去""过来""过去"。分歧较大的包括简单趋向动词"开""到""拢"，以及复合趋向动词"开来""开去""到……来""到……去""拢来"等。

关于处所宾语位置的唯一性，不同的学者有不同的解释。例如，张伯江、方梅（1996）认为处所宾语只能放在"来""去"之前是因为句中的"来""去"是不及物动词，所以处所宾语不能放在其后。陈忠（2007）认为位移动作自身的处所对于位移动作的确定是不可或缺的必要条件，他称之为"位移框架内部参照成分"；而表达观察者及其位置的"来""去"是来自位移系统外部的参照,与位移事件无关,他称之为"位移框架外部参照成分"。位移动作与内参成分的语义关系最为密切,与外参成分"来""去"之间的关系则松散一些。

六、思考题

1. 在含有复合趋向补语的句子中,复合趋向补语和宾语的位置有哪几种情况?
2. 在教授"V+上来/上去/下来/下去"结构时,我们可以设计什么样的导入?

七、参考文献

陈忠.复合趋向补语中"来/去"的句法分布顺序及其理据[J].当代语言学,2007(1).

郭晓麟.复合共现趋向结构功能初探[J].安徽大学学报(哲学社会科学版),2014(4).

郭晓麟.现代汉语趋向结构系统的功能研究——基于事件语义学的考察[M].北京:中国书籍出版社,2016.

刘月华.趋向补语通释[M].北京:北京语言文化大学出版社,1998.

王亚茹.趋向补语偏误分析及教学策略[J].海外英语,2019(6).

张伯江,方梅.汉语功能语法研究[M].南昌:江西教育出版社,1996.

第二十五节　动态助词"着"

一、教学要点

（一）核心语法意义

"着"一般用在动词后，也可用在形容词后，表示动作或状态的持续。"动作的持续"是一种动态的持续，"状态的持续"是一种静态的持续。（陆俭明，1999）

（二）主要形式与典型例句

1. S + V + 着（+ O）

（1）门开着。

（2）老师一直看着我们。

2. S + V_1 + 着（+ O_1）+ V_2（+ O_2）

（3）宝宝趴着睡觉。

（4）她听着音乐做作业。

3. S + V着V着，……

（5）他们聊着聊着，就聊到了找工作的问题。

（6）车开着开着，突然停住了。

4. $S_{地方}$ + V + 着 + O

（7）门口站着一个人。

（8）墙上挂着一幅画。

注意：以上几种形式中的宾语一般为人或事物，不能是处所。

（三）典型情境

"着"主要用于表示动作或状态的持续，以此凸显后文的焦点信息。也就是说，无论"着"用在哪种形式中，无论"V着"结构是否能单独成小句，都表达背景信息。例如：

（9）A：咱们出去吃饭吧。

B：外边下着雨，怎么出去啊？

A建议出去吃饭，B的肯定或否定态度应为表达的重点，因此反问句"怎么出去啊？"为句子的前景焦点信息，表示否定意义，而"外边下着雨"只是B表达否定意义的相关背景信息。背景与前景的关系多样，上例中为因果关系，此外还有顺承、转折等关系。"着"能够使所在结构背景化的这一功能是学生学习的难点，我们在教学中要注意"着"字结构与上下文的关系，充分设计其作为背景信息进行表达的典型情境。

（四）重点与难点

"着"的语义和在句中的语法位置比较清晰，学生比较容易理解，"着"的语用功能才是教学中的重点与难点。我们要在学生掌握"着"的语法意义和主要形式的基础上，进一步使其领会在何种情境下需要使用"着"进行表达。因此，在进行每一种形式的操练时，我们都要强调"着"的句法结构，设计使用"着"的典型情境，充分体现"着"的语用功能，最后设计综合练习，使学生在充分的操练中掌握这个语法点。

（五）相关形式

"着"与"正在"都可以表示动作或状态的持续，学生容易混淆。二者的差异主要表现在：

① "着"用在动词之后，"正在"用在动词之前，它们的语法位置

不同。例如：

（10）a. 外边下着雨。

b. 外边正在下雨。

② "着"还可以与形容词搭配使用，而"正在"不能。我们可以说（11）a，但不能说（11）b。

（11）a. 房间里还亮着灯，他可能还没睡。

b. *房间里还正在亮灯，他可能还没睡。

③ "着"所在的结构信息量不足，一般不能单独成句，在句中提供背景信息；而"正在"所在的结构信息量相对充足，可以单独成句，在句中提供前景信息。请比较：

（12）a. 外边下着雨，咱们别出去了。

b. 外边正在下雨。

例（12）a中说话人的表达重点是"不想出去"，这是前景信息，而"外边下着雨"则提供了表示原因的背景信息。背景信息单独出现会使整个句子信息量不足，因此无法单独成句。而例（12）b则可以单独成句，表达重点是说话人对天气情况的描述，表意明确清晰，信息量充足。

二、教学步骤

（一）导入

"着"表示动作或状态的持续，教师可以利用直观的肢体动作或状态，辅以语言引导，引出目标语法点。例如，教师可以这样导入："老师和同学们一起上课，老师觉得有点儿累，可是同学们不太累，这是为什么呢？"教师先根据师生在课上的动作行为或状态差异提出问题，引发学生思考，然后再通过语言和肢体动作加以引导。教师可以继续引导："老师有点儿累，是因为老师一直在讲台上怎么样？同学们不太累，因为大家在椅子上怎么样？"问"怎么样"的时候，教师要分别演

第二十五节 动态助词"着"

示出"站着"和"坐着"两种不同的肢体动作,这样就可以引导学生说出"着"的第一种形式,导入讲练部分的例句(1)。

(二)讲练

1. S + V + 着（+ O）

(1) a. 老师站着,有点儿累。
　　 b. 同学们坐着,不太累。

这样的导入亲切自然,与学生的互动性强,学生理解起来也比较容易。接下来,教师可以继续利用肢体动作,也可以利用实物教具或图片来练习"着"的这种形式。例如,利用肢体动作,教师可以引导学生说出:

(2) 老师一直看着我们,我们有点儿紧张。

(3) 老师拿着手机,可能要打电话。

利用实物教具或图片,教师可以引导学生说出:

(4) 手机关着,不能打电话。

(5) 门开着,有点儿冷。

练习了几个句子之后,教师要适时做一个小结,告诉学生:这种形式的"着"字句的主语可能是人,也可能是物;句中可以没有宾语。用"着"的句子,一般不是说话人想表达的重点内容,而是为表达重点内容而铺垫的背景信息。当我们说"门开着"的时候,我们的表达重点并不是单纯地描述门的存在状态,而是想表达"我有点儿冷"这件事,而这正是由"门开着"所引起的。教师应直接点出"着"的这种"使背景化"的语用功能。

为了使教学过程流畅,在讲练完第一种形式以后,教师可以利用这种形式的例句顺势导入第二种形式,实现教学环节的自然过渡。例如,教师可以在复习完"老师站着,有点儿累;同学们坐着,不太累"这个例句之后,继续提问学生"老师站着干什么?同学们坐着干什么?",从而引出"着"的第二种形式,导入例(6)。

2. S＋V₁＋着（＋O₁）＋V₂（＋O₂）

（6）老师站着讲课，同学们坐着听课。

接下来，教师可以利用图片展示相应的情境，引导学生再练习几个例句。例如：

（7）妈妈坐着看书，宝宝趴着睡觉。

（8）她听着音乐做作业。

（9）她打着电话开车。

（10）他们喝着咖啡聊天儿。

在这种形式的小结中，教师要告诉学生：这是一种连动形式，第二个动词是表意的重点，而与"着"搭配使用的第一个动词则表示伴随性的动作或状态，为背景信息。例如"她打着电话开车"，在这个情境中，显然开车更为重要，"打电话"只是在开车的过程中伴随发生的一种比较危险的行为。在这种形式中，宾语有时可以不出现。

练习完第二种形式后，我们教师通过最后一个例句"他们喝着咖啡聊天儿"过渡到第三种形式。例如，教师可以继续追问："你们猜他们都聊什么了？"这是个开放性的问题，教师应给出一定的提示来帮助学生回答，如"学习的问题""旅行的问题"等等；然后继续追问："他们一直聊，一直聊，现在他们聊到什么问题了？"教师再给出提示"找工作的问题"，引入第三种形式，导入例（11）。

3. S＋V着V着，……

（11）他们聊着聊着，就聊到了找工作的问题。

在这个例句中，两个分句之间是顺承关系，常用"就"连接。教师可以带领学生再练习两个例句。例如：

（12）她看着看着，就睡着了。

（13）她说着说着，就哭了起来。

除了顺承关系以外，两个分句之间有时也有转折关系，常用"突然"或"忽然"连接。例如：

（14）她走着走着，突然摔倒了。

（15）车开着开着，突然停住了。

教师可以告诉学生：在这种形式中，第二个分句的动词为表意重点，它所表示的动作可能是自然发生的，即顺承关系；也可能是意外发生的，即转折关系。

最后一种形式的导入，教师可以继续使用上面的方法，利用例（15）"车开着开着，突然停住了"进行过渡。例如，教师可以给出车内的照片，问学生"车上有几个人？""几个人站着？""几个人坐着？"，继而引出第四种形式，导入例（16）。

4. S$_{地方}$ + V + 着 + O

（16）车上站着一个人，坐着两个人。

这种形式表示某地以某种形式存在某物，因此主语通常为地点。教师可以利用图片提供情境，引导学生再练习几个例句。例如：

（17）衣柜里挂着几件衣服。

（18）桌子上放着一本书。

（19）门口摆着两双拖鞋。

句子练习结束之后，教师还要向学生指出：这种形式的"着"字句看起来是独立成句的，其实它的表意也是不完整的。在实际使用中，这类句子往往是一个具有描述功能的句群中的一个分句，句末常常有一个总结性的句子表达说话人的中心意思。例如："衣柜里挂着几件衣服，桌子上放着一本书，门口摆着两双拖鞋，这个房间看起来非常整洁。"最后一个总结性的分句才是说话人想表达的核心意思，前面几个"着"字句都为核心意思的表达提供了强有力的背景支持。

（三）总结

① 归纳"着"在使用中的四种主要形式及使用条件。

② 强调"着"的核心意义：表示动作或状态的持续。

③ 强调"着"的语用功能：使所在句法结构背景化。

（四）课堂活动

任务1：猜猜他是谁

要求：教师先给学生两三分钟的准备时间，让他们使用"着"来描述一个人。这个人可以是班里的某位同学，也可以是教师事先准备好的多张图片里的一个人。准备时间结束后，教师请一位同学来描述这个人，大家来猜猜他描述的是谁，看谁猜得又快又对。

任务2：我的房间

要求：画出自己房间的平面简图，然后用"着"描述自己房间里的布置情况。

注意：在活动的准备过程中，教师需要指导、鼓励学生尽量多地使用"着"的不同表达形式；在学生表达的时候，教师要注意学生出现的各种典型性偏误，并及时给予反馈和纠正。当然，我们在这里给出的活动只是个基本形式。在实际教学中，教师还要根据学生的年龄、汉语水平和爱好等因素对活动的内容和操作步骤做出相应的调整，这样活动才能更加有效。

三、典型偏误分析

1. 语序类偏误

（1）*你开车着，别打电话。

正确句：你开着车，别打电话。

说明："着"应该用在动词后，而非动宾短语后。

2. "着"和"正在"的混淆类偏误

（2）A：你干吗呢？

　　　B：*我吃着饭。

正确句：我正在吃饭。

说明：该偏误句混淆了"着"和"正在"的使用。

3. 误加类偏误

（3）*他躺着床上看电视。

正确句：他躺在床上看电视。/他在床上躺着看电视。

说明："V着"后不应出现处所宾语。

四、练习

（一）看图表达：用"着"说出尽量多的句子。

图25-1

图25-2

（二）请把"着"放在正确的位置上。

1. 他在A床上B躺C看D书。
2. 墙上贴A他爬B山C的照片D。
3. 客厅里坐A的是B我最爱C的奶奶D。

五、知识链接

《参照时间规则与体标记"着"的篇章功能》（饶宏泉，2015）一文从时间推进的角度着手研究，认为典型的VO结构具有动态性，而"着"的插入在一定程度上减弱了动力的传递；但"着"和时间推进并不抵触，它可以参与时间推进小句的建构，使动态事件在时间轴上占据持续的时段。

《"在+V"与"V+着"的格式义及其对句法语用的制约》（杨西彬，2013）一文则认为"在+V"的格式义是"事件在进行中"，"V+着"的格式义是"状态在持续"，"V+着"的格式义是在"在+V"格式所表达的整体事件上截取的匀质片段；同时指出副词"在"和助词"着"关涉的分别是"事件"和"动作"。

六、思考题

1. 如果今天汉语课上要讲的语法点是："他们喝着酒，聊着天儿，可开心了！"你会如何进行导入？
2. 请举例说明"着"是如何体现"使背景化"的语用功能的？

七、参考文献

方梅.浮现语法：基于汉语口语和书面语的研究[M].北京：商务印书馆，2018.

陆俭明."着（·zhe）"字补议[J].中国语文，1999（5）.

屈承熹.汉语篇章语法[M].潘文国，等，译.北京：北京语言大学出版社，2006.

饶宏泉.参照时间规则与体标记"着"的篇章功能[J].世界汉语教学，2015（1）.

杨西彬."在＋V"与"V＋着"的格式义及其对句法语用的制约[J].语言教学与研究，2013（1）.

第二十六节　经历体标记"过"

一、教学要点

（一）核心语法意义

动态助词"过"可用在动词和形容词后，表示过去曾经有这样的事情（吕叔湘，1999），是经历体标记。

（二）主要形式与典型例句

1. 肯定形式

S + V + 过 + O

（1）我去过上海。

S + V$_{离合}$ + 过 + O$_{离合}$

（2）我在那个景点照过相。

S + 来/去（+ O$_1$）+ V$_2$ + 过（+ O$_2$）

（3）我去全聚德吃过烤鸭。

2. 否定形式

S + 没 + V + 过 + O

（4）我没看过京剧。

3. 疑问形式

S + V + 过 + O + 吗/没有？

（5）你看过京剧吗/没有？

S + V + 没 + V + 过 + O?

（6）你看没看过京剧？

4. "过" + C$_{动量}$

S + V + 过 + Num. + 次 + O

（7）我去过一次书店。

S + V + 过 + Pron. + Num. + 次

（8）我见过他一次。

（三）典型情境

"过"主要用在以过去的经历说明与解释事理，阐述因果关系时。说话人使用"过"时的意图往往不在于叙述过去的经历，而是说明某个事理或某种关系，传递新信息。这种意图有时出现在上下文语境中，有时则隐而不表，成为言外之意。例如：

（9）A：听说天津的夜景很美，我们周末去天津吧！

B：天津我去过。

B的真实意图是告诉A他有过"去天津"的经历，所以不想再去一次。"过"在交际中作为背景信息的功能是学生学习的难点，因此应成为教学设计的重点，教师在教学中要凸显使用"过"的典型情境。

（四）重点与难点

"过"的语义与句法位置较清晰，易为学生所理解，难点在于"过"的语用功能。教师应在学生掌握"过"的语法意义和主要形式的基础上，进一步使学生领会"何时用"。因此，"过"的教学要以语用为线索，通过肯定形式、否定形式与疑问形式的操练，引导学生掌握"过"的句法位置，并在三种形式操练完成后，通过设计综合性的练习活动，使学生在使用中掌握该语法点。

（五）相关形式

"过"与"了$_1$"同为动态助词，且都与表过去的时间相关联，所以易为学生所混淆。二者的差异主要表现在：

① 动态助词"过"的语用功能主要是说明与解释事理，阐述因果关系，"过"所在的句子提供的是背景信息；"了$_1$"的语用功能主要是叙述某一动作的完成或实现；"了$_1$"所在的句子提供的是前景信息。

② "过"表示的动作应具有可重复性，若动词的语义不具有可重复性，那该动词不可与"过"同现；"了$_1$"没有这个特点，动词不受此限制。例如：

（10）a. *哥伦布发现过美洲。
　　　b. 哥伦布发现了美洲。

③ "过"表示的动作不具有现时相关性，"了$_1$"表示的动作无此特征。例如：

（11）a. 他去过上海。（他现在已经不在上海了。）
　　　b. 我听说他上周去了上海，不知道回来了没有。

④ 表达否定义时，否定词"没"可与"过"同现，但不可与"了$_1$"同现。例如：

（12）a. 他没当过老师。
　　　b. *他没当了老师。

二、教学步骤

（一）导入

"过"使用的典型情境是只有有某种经历才能表达观感，因此教师可以通过创设情境进行导入。例如，教师可以这样创设情境：

教师：我们班的同学都喜欢旅行，谁是我们班的旅行家？
学生：马克是我们班的旅行家。

教师：为什么说他是我们班的旅行家呢？

学生：因为他去了很多地方。

教师：我们也可以说"他去过很多地方"。

（二）讲练

1. 肯定形式

S + V + 过 + O

（1）他去过很多地方。

教师通过提问，引导学生说出含"过"的目标句。例如：

你觉得长城漂亮吗？你怎么知道的？（目标句：我觉得长城很漂亮，因为我去过长城。）

你觉得兵马俑怎么样？你怎么知道的？（目标句：我觉得兵马俑很有意思，因为我看过兵马俑。）

烤鸭是北京的特色菜，你知道烤鸭怎么吃吗？你怎么知道的？（目标句：我知道烤鸭怎么吃，因为我吃过烤鸭。）

你觉得日本菜好吃吗？你怎么知道的？（目标句：我觉得日本菜非常好吃，因为我吃过日本菜。）

青岛啤酒好喝吗？你怎么知道的？（目标句：青岛啤酒不错，因为我喝过青岛啤酒。）

你在北京游过泳吗？（目标句：我在北京游过泳。）

颐和园好玩吗？你怎么知道的？（目标句：颐和园很好玩，因为我游览过颐和园。）

完成上述操练后，教师要以具体的例子向学生说明（以"我游览过颐和园"为例）：说话人的意思是"我"有这个经历，所以"我"知道颐和园好玩不好玩，现在"我"已经不在颐和园了。

教师再通过提问，引导学生说出含"过"的否定形式的目标句，从而进入否定形式的讲练。例如：

你游览过奥林匹克公园吗？

你觉得奥林匹克公园好吗？为什么你不知道？

2. 否定形式

S + 没 + V + 过 + O

（2）我没去过这个地方。

否定形式的讲练需要教师根据平时对学生的了解，提出预期是否定答案的问题。例如：

你吃过全聚德的烤鸭吗？

中国的白酒好喝吗？你怎么不知道？

这个电影好看吗？你怎么不知道？

你在北京游过泳吗？（动词为离合词的练习）

完成上述操练之后，教师可通过复习例（2）过渡到疑问形式的讲练。例如：

教师：刚才这个句子"我没去过这个地方"，我们应该怎么提问呢？

3. 疑问形式

① S + V + 过 + O + 吗/没有？

（3）你去过这个地方吗？

（4）你去过这个地方没有？

② S + V + 没 + V + 过 + O？

（5）你去没去过这个地方？

教师可通过图片法，让学生看图片互相问答。图片内容可以是：做中国菜、学太极拳、看中国电视剧、游览长城、去上海、去书店。例如：

（6）A：你去没去过书店？

B：我去过书店。

操练完成之后，教师同样可以自然地过渡到"'过'+ $C_{动量}$"的讲练上。如果最后一张图片是去书店，那么教师可以提问学生"我去过书店，一次，怎么说？"，从而引出新句式，导入例（7）。

4. "过" + $C_{动量}$

① S + V + 过 + Num. + 次 + O

（7）我去过一次书店。

教师可以通过以下提问，引导学生说出含"过 + Num. + 次 + O"的目标句：

你去过几次颐和园/圆明园？

在北京，你坐过几次地铁？

来北京以后，你喝过几次酒？

你见过××的女朋友吗？几次？

在操练结束之后，教师要清楚地向学生指出：这个结构中的宾语为普通名词，如"公园""房间""电影""长城"等。若宾语性质不同，语序也不同。

② S + V + 过 + Pron. + Num. + 次

（8）我见过他一次。

教师再通过提问，引导学生说出含"过 + Pron. + Num. + 次"的目标句。例如：

你去过长城对吧？你去过那儿几次？

你去过别的国家吗？你去过那儿几次？

注意：该结构中的代词可为人称代词，也可为指示代词。

（三）总结

① 强调"过"的语用功能："过"用在动词后面，表示说话人有某种经历，这个经历跟现在说的事情有关系，对现在说的事情有影响。例如，我去过上海，所以我可以告诉你上海怎么样，但我现在已经不在上海了。

② 引导学生回顾"过"的肯定、否定、疑问形式及带动量补语的形式。

（四）课堂活动

任务：是真是假？

要求：学生两两一组描述自己的一次旅行经历，最少说三件事，其中一件是假的；听话的一方可以有针对性地进行提问，并猜猜哪件事是真的，哪件事是假的。

注意：在学生的表达过程中，教师要注意学生出现的各种典型性偏误，并及时给予反馈和纠正。

三、典型偏误分析

1. "过"与"了"的混淆类偏误

（1）*他去长城过。

正确句：他去长城了。

说明：由于对"过"与"了"的语法意义混淆不清，学生有时会误将"过"用在"了"的位置上。

2. 否定词的误用类偏误

（2）*他不去过长城。

正确句：他没去过长城。

说明：否定动态助词"过"时，动词前应用"没"，不能用"不"，后面仍需保留"过"。

3. 语序类偏误

（3）*我在那儿照相过。

正确句：我在那儿照过相。

说明：普通动词与"过"组合时，"过"位于动词后；离合词与"过"组合时，"过"应放在离合词的两个语素之间。

四、练习

（一）请将下列对话补充完整：

1. A：你明天有时间吗？我们一起去看京剧吧！
   B：_____。

2. A：那家饭馆的菜怎么样？好吃吗？
   B：_____。

3. A：我很想学太极拳，但是不知道难不难。
   B：_____。

4. A：你知道坐地铁去天安门怎么走吗？
   B：_____。

（二）请在括号内填入"过"或"了"。

1. 我也没去（　　）故宫，不知道门票贵不贵。
2. 昨天我去（　　）故宫、天安门和颐和园。
3. 三年前他去（　　）美国，一直在美国生活。
4. 他的英语很好，他在美国生活（　　）。

五、知识链接

关于经历体标记"过"的研究可以分为两类："终结性假说"（包括静态事件的终止、动态事件的完成、结果状态的非延续等）和"可重复性假说"（包括事件的可重复、"类"事件、不定指意义等）。"终结性假说"，即在时间基点时事件已经终结，事件所导致的结果状态也已结束。"可重复性假说"，即要求事件可以重复发生。如果一个动词所表示的动作对当事者来说是必然的，而且在该事物存在期间只有一次，就不能用"过"。（刘月华，1988）陈振宇、李于虎（2013）通过对语料的考察与分析认为，"可重复性假说"比"终结性假说"具有更强的解释力。

六、思考题

1. "我吃过烤鸭"中的"过"和"他吃过晚饭就走了"的"过"一样吗？如果学生请你辨析这两个"过"，你将如何作答？
2. 请你就动态助词"过"设计一个课堂交际活动。

七、参考文献

陈翰文.动态助词"过"的次结构与教学语法排序[J].暨南大学华文学院学报，2009（4）.

陈振宇，李于虎.经历"过2"与可重复性[J].世界汉语教学，2013（3）.

房玉清.动态助词"了""着""过"的语义特征及其用法比较[J].汉语学习，1992（1）.

刘月华.动态助词"过$_2$过$_1$了$_1$"用法比较[J].语文研究，1988（1）.

吕叔湘.现代汉语八百词（增订本）[M].北京：商务印书馆，1999.

第二十七节　动态助词"了₁"

一、教学要点

（一）核心语法意义

"了₁"是动态助词，用在动词后，主要用于叙述某一动作的发生或完成。这一动作可以是过去或现在已经发生或完成的，也可以是将来可能发生或完成的。

（二）主要形式与典型例句

1. 肯定形式

S + V + 了₁ + Num.-M/其他 + O

（1）我买了两张高铁票。

（2）上周四我们看了非常精彩的京剧表演。

S + 来/去（+ O₁）+ V + 了₁ + Num.-M（+ O₂）

（3）上周末我去上海玩儿了两天。

S + V₁ + 了₁（+ O₁）+ 就 + V₂（+ O₂）

（4）明天玛丽吃了晚饭就去看电影。

2. 疑问形式

S + V + O + 了₁ + 吗/没有？

（5）他爸爸买书了吗？

（6）他爸爸买书了没有？

S+V+没+V+O？

（7）他爸爸买没买书？

3. 否定形式

S+没+V+O

（8）他爸爸没买书。

（三）典型情境

"了₁"主要用于叙述某一动作的发生或完成。它虽不直接表示动作发生或完成的时间，但用"了₁"的句子中一般都有一个表示动作发生或完成的时间词。例如：

（9）昨天我买了两张高铁票。

例（9）中有表示动作"买"发生的时间词"昨天"。由于"动作的发生或完成"通常是已然的，所以用"了₁"的句子中的时间词常常是表示过去的，如例（9）中的"昨天"。如果句子中没有时间词，那句中动作发生或完成的时间一般是指说话时间，也就是现在。例如：

（10）看，他们搬走了那些旧家具。

例（10）的意思是：现在他们搬走了那些旧家具。

除了表示过去和现在，"了₁"也可以表示将来动作的发生或完成。例如：

（11）明天我吃了早饭就去机场。

通常当句子中有两个动词短语且"了₁"用在第一个动词短语中时，"了₁"才可能是表示将来动作发生或完成的。在这种情况下，第一个动词短语通常是后一个动词短语发生的时间或条件。需要注意的是，这种表示将来动作的发生或完成的句子通常出现在对话中。

综上所述，"了₁"既可以叙述过去或现在动作的发生或完成，也可以叙述将来动作的发生或完成。这也是学生学习的重点与难点。由于"了₁"表示完成，常用于含有过去时间的句子中，所以学生经常把

"了₁"当作表示过去时间的标记。我们在教学中要设计使用"了₁"的典型情境,给出典型例句,全面体现"了₁"的核心意义和句法功能,帮助学生更加准确地使用"了₁"。

(四)重点与难点

在句法结构上,含有"了₁"的句子要成立,需要具备一定的条件。根据"了₁"前的动词是否带有宾语,我们可以把"了₁"句的成立条件分为以下两大类:

① 无宾语"了₁"句,成立条件为:带有后续小句。即:S + V + 了₁ + 后续小句。

当动词不带宾语时,动词加"了₁"不能独立成句,后要有后续小句表示这个动作完成后出现另一个动作或某种状态,"了₁"小句也可以作为后续小句的假设条件。例如:

(12) a. *我听了。
　　　b. 我听了很高兴。

(13) a. *他看见了!
　　　b. 他看见了该多难过啊!

上述两组例句中,"听"这个动作完成后出现了"我很高兴"的状态,"他看见了"是"他难过"的假设条件。

注意:当没有后续小句时,动词后的"了"可能表示事态变化的"了₂",如"他休息了";也有可能表示动作完成且事态变化的"了₁""了₂"结合体,如"我已经吃了,你们吃吧"。

② 有宾语的"了₁"句,成立条件为:宾语前一般要有数量词或其他定语修饰。即:S + V + 了₁ + Num.-M/其他 + O。例如:

(14) 我们租了一辆车。

(15) 今天的会议讨论了绿色出行的问题。

例(14)的宾语"车"前有数量词"一辆"修饰,例(15)的宾语"问题"前有定语"绿色出行"修饰,这两个句子都可以成句。

需要注意的是，在一些特殊情况下，宾语前没有数量词或其他定语修饰，句子也成立。主要有以下三种情况：

A. 当宾语出现在几个连接紧密的动词短语、分句或排比句中时，句子也成立。例如：

（16）他过了安检，找到了登机口，办了手续，上了飞机。

B. 当句末有语气助词"了$_2$"或其他语气词时，句子也可以成立。例如：

（17）昨天我买了面包了。

C. 当宾语是专有名词或表示在一定范围内的唯一事物时，宾语前也可以没有数量词或其他定语修饰。例如：

（18）在回家的路上，我遇见了小李。

从上面的分析我们可以看出："了$_1$"的语义与句法位置比较清晰，学生学习的难点在于句子的时间性、宾语的使用条件以及与"了$_2$"的功能、位置差异和同现等问题。因此，在教学中，我们应从这几方面入手，在引导学生掌握"了$_1$"句基本结构形式的基础上，进一步强调"了$_1$"的语用功能，设计典型情境，使学生充分理解应该在何种情况下使用"了$_1$"。在"了$_1$""了$_2$"都学习过后，教师还要设计综合性练习，对两个意义不同、功能不同的"了"进行充分的操练，使学生在使用中体会二者的差异，并能在交际中正确运用。

（五）相关形式

学生在学习"了$_1$"的过程中，最有可能和另一个动态助词"过"混淆，而"过"和"了$_1$"的区别我们在"过"的教学中已有详细的讲解，此处就不再赘述了。

二、教学步骤

（一）导入

"了₁"表示动作已经发生或完成，学生是比较容易理解的，因此教师可以利用已经发生或完成的动作进行导入。例如，教师可以展示两张高铁票的图片，然后问学生"昨天老师买什么了？"，学生可能会回答"高铁票"，教师再问"几张"，引导学生说出完整的句子，导入讲练部分的例（1）。

（二）讲练

1. 肯定形式

① S + V + 了₁ + Num.-M/其他 + O

（1）昨天老师买了两张高铁票。

除了利用图片导入，教师也可以利用学生在学习、生活中亲身经历的一些事进行导入。例如，教师可以问学生"上周四我们在湖广会馆看什么了？"，学生可能会回答"京剧表演"，教师再问"表演怎么样？"，引导学生说出以下完整的句子：

（2）上周四我们看了非常精彩的京剧表演。

注意：教师不要直接给出例句，而要通过层层推进式的提问慢慢引出例句，然后再归纳句子的结构形式。提问的部分应是结构中的重点部分。这种导入简明又自然，还充分体现了使用"了₁"的典型情境，即叙述已经发生或完成的某个具体事件。

接下来，教师可以通过直接问答或图片提示等方式再多练习几个例句。例如，教师可以问学生：

（3）来中国以前，你学了多长时间汉语？

或者，教师给出图片提示"四本历史书"之后问学生：

（4）他买了几本书？

（5）他买了什么方面的书？

需要注意的是，在讲练过程中，教师要跟学生重点强调一下语序问题，特别是当动词为离合词时，更要强调其中的名词性成分应该放在宾语的位置。这是学生在语言输出时特别容易犯错的地方。例如：

（6）他睡了两个小时觉。

另外，"了₁"出现在连动结构中时，学生也极易出现语序错误，这也是需要强调和练习的。例如，教师可以问学生"你们知道老师的周末是怎么过的吗？"，然后给出图片提示，引导学生说出第二种肯定形式，导入例（7）。

② S + 来/去（+ O_1）+ V + 了₁ + Num.-M（+ O_2）

（7）老师去西单买了两本书。

这时，教师应指出"了₁"要放在第二个动词的后面。

在以上两种形式中，"了₁"都是用来叙述已经发生或完成的动作的。此外，"了₁"也可以用来叙述将来可能发生或完成的动作。教师可以利用"明天玛丽要去看电影"这个情境导入"了₁"的这种形式。例如，教师可以这样问学生："明天玛丽要去看电影，她什么时候去？看电影之前她要先做什么？"然后给出图片或文字提示，如"吃晚饭""先吃晚饭，然后去看电影"，引出第三种肯定形式，导入例（8）。

③ S + V_1 + 了₁（+ O_1）+ 就 + V_2（+ O_2）

（8）明天玛丽吃了晚饭就去看电影。

教师可以用同样的操练方法再练习几个句子，巩固学生对这种形式的理解。例如：

（9）一会儿她洗了澡就睡觉。

（10）下周一她发了工资就网购新家具。

（11）他写了作业就去跑步。

（12）我们下了课就吃午饭。

（13）他毕了业就回国。

肯定形式的讲练结束之后，教师要做一个小结，再次跟学生强调：

使用"了₁"的时候,"了₁"前面的动词可能是过去或现在已经发生或完成的动作,也可能是将来会发生或完成的动作,"了₁"只表示动作的发生或完成,与过去时态没有关系。这是学生容易产生偏误的地方,因此要重点强调。

疑问形式的教学,教师可以利用之前的例句情境进行导入。例如:"他买了四本书,他爸爸呢?应该怎么问?"教师通过问答引出疑问形式,导入例(14)和例(15)。

2. 疑问形式

① S + V + O + 了₁ + 吗/没有?

(14)他爸爸买书了吗/没有?

② S + V + 没 + V + O?

(15)他爸爸买没买书?

从疑问形式的例句,教师可以直接引出否定形式,导入例(16)。

3. 否定形式

S + 没 + V + O

(16)他爸爸没买书。

把"了₁"的三种基本形式都讲练完之后,教师可以提供图片信息,让学生通过互相问答的方式进行综合练习。教师需要先做示范,例如:

(17)A:今天早上她去食堂吃了四个包子,她妹妹吃了没有?

B:她妹妹没吃包子,吃了一片面包。

(18)A:他们点菜了没有?

B:他们没点菜,点了两杯饮料。

(19)A:他敲门了吗?

B:他没敲门。他按了一下门铃。

(20)A:昨天玛丽看没看电影?

B:昨天玛丽没看电影。她看了一场芭蕾舞表演。

通过这样的问答,学生可以对"了₁"的肯定形式、疑问形式、否定形式进行全面的练习。在生生练习的时候，教师要对学生出现的偏误进行及时的纠正和反馈。如果是普遍性的问题，教师还需要向全班学生再强调一下。

（三）总结

① 归纳"了$_1$"在使用中的几种基本形式和使用条件。
② 强调"了$_1$"的核心语法意义是表示动作的发生或完成。
③ 强调"了$_1$"在使用中既可以表示过去或现在动作的发生或完成，也可以表示将来动作的发生或完成。"了$_1$"的使用与时态没有必然关系，要与表示过去经历的"过"相区别。

（四）课堂活动

任务1：找朋友
要求：教师先发给每位学生A、B两张图片，学生根据图片内容用本课学到的句型写出A、B两个句子；教师请第一位学生读出A句，其他学生根据他读的句子内容确认自己手中是否有与他相同的图片；如果有就站起来并读出自己的句子，然后两人同时展示图片进行确认；成功找到朋友后，第一位学生回到座位，第二位学生继续读B句，依此类推。

任务2：我们的故事
要求：学生3~4人一组，每组根据分到的情境写出若干句子，编成一个故事；然后每组派一位代表给全班同学讲一讲本组的故事。
参考情境：在超市、在饭馆、在宿舍、在体育馆。
学生成段表达可以参照以下模式，例如：
上周末我和朋友们去上海旅行了。
我们坐了五个小时的火车。（在车上，大家说说笑笑，可开心了！）
在上海，我们一共玩儿了两天。
第一天，我们游览了三个景点：外滩、南京路、迪士尼。（外滩的夜景特别漂亮，让人难忘；南京路有很多商店，你可以找到老上海的样子；迪士尼的人太多了，不过很好玩儿，值得去。）

第二天，我们品尝了不同的上海菜。（有的比较便宜，有的特别贵！但吃来吃去，我还是最喜欢上海的小笼包。）

这次旅行非常有意思，我决定以后毕了业就去上海找个工作（，因为那儿是个很吸引年轻人的地方，我喜欢上海）。

注意：教师可以向学生提供参考情境，学生也可以自己设定情境，但需要提前向老师说明并得到允许。此外，教师还可以给出成段表达的参考模式，这样可以让学生更加清楚要表达的具体内容。在学生的准备过程中，教师要巡视各组，及时提供帮助。在学生的表达过程中，教师要对学生出现的典型性偏误给予及时的纠正和反馈。

三、典型偏误分析

1. 语序类偏误

（1）*今天我买一本书了。

正确句：今天我买了一本书。

说明：宾语带有数量词修饰时，"了$_1$"应放在宾语前。

2. 误加类偏误

（2）*今天我没买了书。

正确句：今天我没买书。

说明：出现"没"的否定句中不能使用"了$_1$"。

（3）*明天我去了王府井买东西。

正确句：明天我去王府井买东西。

说明：在后一动作表示目的的连动句中，"来/去"之后不能使用"了$_1$"。

四、练习

（一）请把"了₁"放在句中合适的位置上。

1. 昨天晚上他只A睡B三个小时C觉D。
2. 我打算A吃B午饭C就去D图书馆。
3. 上个星期我们去A电影院B看C两次电影D。
4. 昨天你给A他B介绍C几个中国朋友D？

（二）请根据提示用本课学习的句型完成对话。

1. A：_____？
   B：我们点了三个菜。
2. A：你还不睡觉啊？
   B：_____。（先洗澡，然后睡觉）
3. A：今天你喝了几杯咖啡？
   B：_____。（否定回答）

五、知识链接

"了₁"的隐现一直是学界比较关注的问题之一。很多学者认为，体标记"了₁"不是强制性的语法范畴，它的隐现不但受句法—语义因素的制约，还受语用、篇章、韵律等因素的影响。近些年，一些学者特别对"了₁"在序列事件语篇中的隐现进行了研究。

序列事件句（sequential event）指的是叙事小句在线性位置上的先后关系象似性地反映了它们所描述的事件在现实世界中发生的时间先后关系的一种篇章句。（李姝姝，2018）例如，Chang（1986）提出了"顶峰"（peak）说、刘勋宁（1999）提出了"焦点"说，认为在序列事件语篇中，最后的部分往往是"顶峰"或"焦点"，也就是"了₁"要求出现的位置，而中间小句中的"了₁"往往倾向于隐去。例如：

　　学校举行开学典礼，她走上台去，代表全体学生发言，赢得了热烈的掌声。

　　但实际上，并不是只有句尾小句才可以带"了₁"；而有的时候句尾小句也可能不带"了₁"，甚至整个句子都没有"了₁"。对此，朱庆祥（2014）进行了专门的研究，他得出的结论是：序列事件小句倾向于符合[+完整有界]的特征。在这个条件下，如果句子中出现了只能位于"了₁"前的动结式或动趋式，动词后则倾向于不带体标记"了₁"；如果出现了只能位于"了₁"后的补语或宾语，动词后则倾向于带"了₁"。在此基础上，李姝姝（2018）又对序列事件句尾句中"了"的分布情况进行了统计分析，结果显示：无"了"结句占61.5%，为主体；"了₁"结句占27.5%，而剩下的11%则为"了₂"结句。在以"了₁"结句的尾句中，"了₁"前有双音节动补式（动结式和动趋式）、单音节动词、双音节非动补式三种结构。其中，单音节动词对"了₁"的需求更强。有一些单音节动词，带不带"了₁"会影响其与后续句之间的关系。例如：

　　她扯他的头发，抓他的脸庞，撕（？了）他的衣服。她一面撕扯，一面骂……

　　单看第一个句子，"撕"后带不带"了₁"都是可以的。如果"撕"后带"了₁"，那么凸显的是动作行为的结束；不带"了₁"的话，"撕衣服"则是一个活动，不凸显动作的终点。但根据后续句的内容，显然"撕衣服"的行为没有结束，因此这里不加"了₁"更合适。

六、思考题

1. 请举例说明如何利用情景法讲练动态助词"了₁"。
2. 如何给学生讲解"他们吃了饭就去公园"和"他们吃了饭就去公园了"这两个句子的差别？

七、参考文献

李姝姝. 汉语序列事件句尾句中"了"的隐现及其与后续句的关联[J]. 语言教学与研究，2018（6）.

刘勋宁. 现代汉语的句子构造与词尾"了"的语法位置[J]. 语言教学与研究，1999（3）.

刘月华，潘文娱，故韡. 实用现代汉语语法（增订本）[M]. 北京：商务印书馆，2001.

吕叔湘. 现代汉语八百词（增订本）[M]. 北京：商务印书馆，1999.

朱庆祥. 从序列事件语篇看"了$_1$"的隐现规律[J]. 中国语文，2014（2）.

CHANG V. The Particle Le in Chinese Narrative Discourse: An Integrative Description [D]. Unpublished Ph.D. dissertation, University of Florida, 1986.

第二十八节 语气助词"了₂"

一、教学要点

（一）核心语法意义

"了₂"是语气助词，一般用在句末，主要用来肯定事态已经出现变化或即将出现变化，有成句的作用。（吕叔湘，1999）

（二）主要形式与典型例句

1. 肯定形式

S + VP + 了₂

（1）玛丽睡觉了。

S + AP + 了₂

（2）树叶黄了。

NP + 了₂

（3）秋天了。

2. 疑问形式

S + VP/AP + 了₂ + 吗/没有？

（4）他妹妹起床了吗/没有？

（5）来中国以后，你瘦了吗/没有？

S + VP/AP + 没 + VP/AP？

（6）他妹妹起没起床？

（7）来中国以后，你瘦没瘦？

3. 否定形式

S + 没 + VP

（8）玛丽没睡觉。

S + 没 + AP

（9）树叶没黄。

4. 快/要/快要/就要……了$_2$

（10）我们快要下课了。

（11）我们五分钟以后就要下课了。

肯定形式、疑问形式和否定形式主要涉及已经出现变化的情况。肯定形式包括"动词性短语 + 了$_2$""形容词性短语 + 了$_2$"和"名词性短语 + 了$_2$"三种，动词后有时有宾语或补语；疑问形式包括一般疑问形式和正反疑问形式两类；否定形式用否定词"没"来体现，此时"了$_2$"不出现，"没"的后面可以是动词性或形容词性短语。

对于表示即将出现变化的"快/要/快要/就要……了$_2$"形式，教师需要提醒学生注意：在使用"快/快要……了$_2$"的时候，前面不能出现表示时间的词或短语；而在使用"要/就要……了$_2$"的时候，前面则可以出现表示时间的词或短语。

（三）典型情境

"了$_2$"主要用来表示事情已经或即将出现变化。例如：

（12）他们下个月就要结婚了。

（13）他们结婚了。

在例（12）中，"了$_2$"表示下个月即将发生"结婚"这件事情，也就是说，他们的关系下个月即将发生变化；在例（13）中，"了$_2$"表示现在他们已经处于婚姻关系中，而这种关系跟以前的恋人关系相比已经出现了变化。

"了$_2$"表示变化，这一功能是学生学习的重点。在进行教学设计时，我们应该着重凸显"了$_2$"表示变化的典型情境，例如季节的变化（春天了）、自然界的变化（花开了）、某人成长的变化（孩子长高了）或学业状态的变化（他上大学了）等等。

（四）重点与难点

"了$_2$"的语义和句法位置都比较清晰，学生学习的难点还是在于与"了$_1$"的功能、句法位置差异及同现等问题。因此，在"了$_2$"的教学中，我们应在引导学生掌握"了$_2$"句基本结构形式和语义的基础上，进一步强调"了$_2$"表示变化的语用功能，使学生充分理解应该在何种情况下使用"了$_2$"。在操练中，教师不但要单独练习"了$_2$"，还要设计"了$_1$""了$_2$"同现的练习，使学生充分体会二者的差异，熟练掌握形同但语义和功能完全不同的两个"了"。

（五）相关形式

当"了$_1$"和"了$_2$"同现的时候，"了$_1$"与"了$_2$"之间可以加入数量词和宾语，表示到目前为止动作变化的量，并且这个动作有可能还要继续下去。例如：

S + V + 了$_1$ + Num.-M（+ O）+ 了$_2$

（14）玛丽学了三个多月汉语了。

这句话的意思是：到现在为止，玛丽一共学了三个多月的汉语，而且以后有可能还要继续学习下去。而"玛丽学了三个多月汉语"这个句子可能隐含的意思则是：玛丽现在已经不学习汉语了，已经学完了。

二、教学步骤

（一）导入

"了$_2$"表示已经出现的变化这一意义学生比较容易理解，因此教师可以从这一点入手，利用图片对比法进行导入。例如，教师可以先展示"玛丽看书"的图片，问学生"刚才玛丽在做什么？"，然后再展示"玛丽睡觉"的图片，问学生"现在呢？"。学生作答后教师点明这种变化，引出目标句，导入例（1）。具体可以这样说："现在跟刚才不一样，有变化，这时候我们可以说'玛丽睡觉了'。"

（二）讲练

1. 肯定形式

① S + VP + 了$_2$

（1）玛丽睡觉了。

通过图片形象生动地展示出变化的出现，学生会更容易理解"了$_2$"表示变化这一功能。接下来，教师可以再展示几组图片来练习"了$_2$"的这种形式。例如：

（2）大卫起床了。

（3）大卫上课了。

（4）大卫学会（骑车）了。

注意：教师所问的问题都不是直接以"了$_2$"引入的，而是凸显它的典型情境，先问"大卫刚才在做什么？"，然后问"现在呢？"，通过问答引导学生领悟"了$_2$"的使用情境。此外，在肯定形式的讲练中，教师还要给出形容词做谓语和名词做谓语的形式，并用同样的方法加以操练。例如：

② S + AP + 了$_2$

（5）树叶黄了。

（6）妈妈的头发白了。

（7）最近她瘦了。

③ NP + 了$_2$

（8）秋天了。

（9）星期五了。

对以上三种肯定形式进行充分练习之后，教师要适时做一个小结，告诉学生：在这三种形式中，"了$_2$"用在句末，表示变化。当我们说"玛丽睡觉了"的时候，意思是之前她没睡觉，现在睡觉了，事态出现了变化，跟之前不一样了，强调"了$_2$"的语用功能。

需要注意的是，当句中没有宾语，动词后直接加"了"的时候，会出现"了$_1$"与"了$_2$"合一的情况。例如：

（10）我已经吃了，你们吃吧。

在这个句子中，"了"表示"吃"这个动作已经完成并且事态已经出现变化——刚才没吃，现在吃完了。所以，这个句子中的"了"既是"了$_1$"，也是"了$_2$"，它们是合二为一的。

为了确保教学过程流畅，疑问形式和否定形式的导入，教师都可以从肯定形式的例句入手。例如，在复习完上面的例（2）"大卫起床了"以后，教师可以接着问学生"他起床了，他妹妹呢？怎么问？"，同时展示出妹妹的图片，通过对比的方法引入两种疑问形式：一般疑问形式和正反疑问形式。

2. 疑问形式

① S + VP + 了$_2$ + 吗/没有？

（11）他妹妹起床了吗/没有？

② S + VP + 没 + VP？

（12）他妹妹起没起床？

然后，再用同样的方法引出形容词做谓语的疑问形式。

③ S + AP + 了$_2$ + 吗/没有？

（13）来中国以后，你瘦了吗/没有？

④ S + AP + 没 + AP？

（14）来中国以后，你瘦没瘦？

接下来，教师再利用图片、提示词或结合学生的实际情况练习几个句子。例如教师可以问学生：

（15）昨天你上没上课？

（16）你们累了吗？

（17）玛丽睡觉了没有？

（18）树叶黄没黄？

通过引导学生对例（17）和（18）进行回答，教师可以直接导入否定形式，引出例（19）。

3. 否定形式

① S + 没 + VP

（19）玛丽没睡觉。

② S + 没 + AP

（20）树叶没黄。

将这几种基本形式都讲练完以后，教师可以向学生展示一些图片作为提示，让学生通过互相问答的方式综合练习肯定、否定、疑问这三种形式。例如：

（21）问：你看没看这本书？

　　　答：我看这本书了。/我没看这本书。

（22）问：教室的灯亮了没有？

　　　答：教室的灯亮了。

（23）问：他今天洗澡了吗？

　　　答：他今天没洗澡。

在生生练习的时候，教师要注意及时纠错和反馈。如果是普遍性的问题，教师有必要向全班学生再强调一下。

上面讲练的都是已经出现变化的"了$_2$"，下面讲练即将出现变化的"了$_2$"。教师可以利用上面讲过的疑问形式进行提问，继而引出"了$_2$"的新形式。例如，教师可以向学生展示一张停在站台内的火车的图片，问学生"火车开了吗？"，然后再给出现在的时间和火车出发的时间（五分钟后），向学生强调时间差很小，再引出目标句，导入例（24）。

4. 快/要/快要/就要……了₂

（24）火车快/要/快要/就要开了。

如果想加入具体的时间"五分钟"，那么我们应该说：

（25）火车五分钟以后要/就要开了。

从上面两个例句中我们可以看出"快/快要"和"要/就要"的用法差异：句子中含有时间信息的时候，只能用"要/就要"来表达，不能用"快/快要"；没有时间信息的时候，两者都可以用。

接下来，教师再带领学生练习几个句子，巩固学生对这两种形式的掌握。例如：

（26）我们12点下课，现在11点50分。（目标句：我们快要下课了。）

（27）你知道玛丽什么时候回国吗？下个月。（目标句：玛丽下个月就要回国了。）

（三）总结

① 归纳"了₂"在使用中的几种基本形式和使用条件。
② 强调"了₂"的核心语法意义是表示变化。
③ 强调"了₂"在使用中，既可以表示已经出现的变化，也可以表示即将出现的变化。

（四）课堂活动

任务1：找不同

要求：教师展示两张相邻季节的图片（例如：冬天和春天），并按时间顺序排列好（例如：从冬天到春天），方便学生找出变化。学生分成两组，用本节课学到的句型写出表示变化的句子（例如：春天了；天气暖和了；花儿都开了……），每组各准备五分钟，然后两组学生轮流发言，看哪组说的变化又多又对。

> 任务2：我的变化
>
> 要求：介绍自己最近一年来发生的变化和未来一年内即将发生的变化，尽量使用本节课学到的句型表达。
>
> 注意：在活动的准备过程中，教师要到各小组巡视、指导，鼓励学生尽量多地使用"了₂"的不同表达形式；在学生表达的时候，教师要注意学生出现的各种典型性偏误，并及时给予反馈和纠正。当然，我们这里提供的活动只是个基本形式。在实际教学中，教师要根据不同的教学需要对活动形式进行微调，提高活动的有效性。

三、典型偏误分析

1. 误加类偏误

（1）*今天他没上课了。

正确句：今天他没上课。

说明："了₂"不能与否定词"没"同现。

2. 搭配类偏误

（2）*我们下周快要考试了。

正确句：我们下周要/就要考试了。

说明："快/快要……了₂"之前不能出现时间词。

3. 遗漏类偏误

（3）*他吃了三碗米饭。

正确句：他吃了三碗米饭了。

说明：在表示动作、状态还要继续下去的意义时，"了₁"和"了₂"同现。

四、练习

（一）看图写句子。

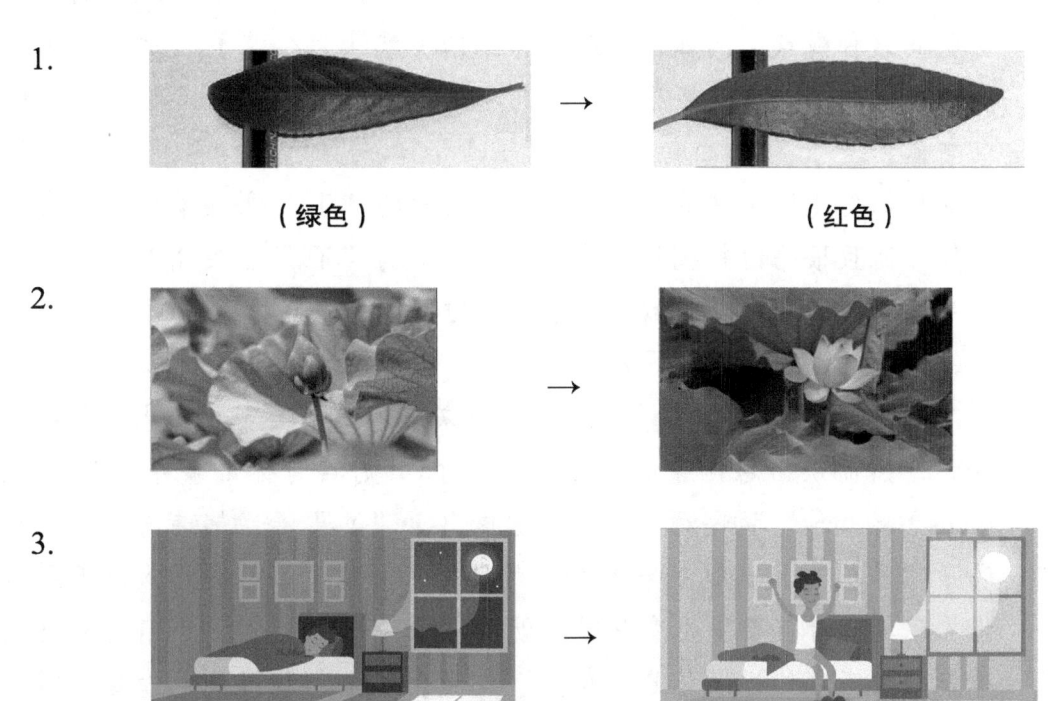

1. （绿色） → （红色）

2.

3.

（二）请根据提示用本课学习的句型完成对话。

1. A：周末你们去颐和园了吗？
   B：_____。（否定回答）

2. A：你什么时候回国？
   B：_____。（下个星期）

3. A：最近他有什么变化？
   B：_____。（瘦、漂亮）

五、知识链接

　　语言学界一般认为"了₂"用在句末，有成句的作用；但也有学者不认同这种观点。例如，朱庆祥（2017）就认为在"了₂"的结句（段）观这个问题上，首先要区分单复句中的"了₂"，其次还要区分复句中整句句末的"了₂"和小句句末的"了₂"。单句末和复句整句末的"了₂"是支持结句（段）观的，而位于小句句末的"了₂"并没有结句（段）的功能。而且根据语料统计，非结句（段）的"了₂"在使用数量上也占有一半的比例，并不在少数，位于这个位置上的"了₂"具有承上启下的功能，即结束前文，开启下文。

　　此外，我们都知道"了₂"主要用来表示事态出现了变化或即将出现变化，然而从信息传递的角度看，"了₂"则具有标记事件焦点（event focus）的功能。黄瓒辉（2016）曾提出，"了₂"会为言者与听者预设一种跟"了₂"句所表达的状态相反的已知背景信息，当说话人意识到客观世界已经或者将要发生变化时，就用"了₂"来描述这种新情况的出现，也就是向听者传递新信息。例如："她笑了。"预设的已知背景信息应该是"她没有笑"，而现实的客观情况是"她在笑"，已经发生了变化，因此在句尾使用"了₂"。无论是描述新情况的出现，还是向听者传递新信息，都体现出"了₂"标记事件焦点的功能，即把整个事件的发生作为新信息告诉听话人，在句中体现为标记句焦点（sentence focus）或谓语焦点的功能。

　　"了₂"标记事件焦点的功能体现在它要求宾语必须为简单形式。例如，我们可以说"我吃饭了"，但不能说"我吃一碗饭了"。这是因为标记事件焦点是要将事件本身的发生作为新情况告诉听者，关注的是整个事件的发生，而不是事件的属性。如果事件表述过于细致，事件属性便会与事件整体争夺焦点地位，从而降低句子的可接受度。

六、思考题

1. "孩子哭了,快抱抱她"这个句子中的"了"是"了$_1$"还是"了$_2$"?你怎么理解?
2. 请为语气助词"了$_2$"设计一个课堂交际活动。

七、参考文献

黄瓒辉."了$_2$"对事件的存在量化及标记事件焦点的功能[J].世界汉语教学,2016(1).

吕叔湘.现代汉语八百词(增订本)[M].北京:商务印书馆,1999.

朱庆祥.从叙事语篇视角看"了$_2$"的结句(段)问题[J].语言教学与研究,2017(6).

第二十九节　动词重叠式

一、教学要点

（一）核心语法意义

动词重叠一般用来表达随意性、尝试性地做某事，动作的量比较小，有两种意义：（1）如果动词表示的是持续性动作，动词重叠表示动作持续的时间短（时量小）；（2）如果动词表示的是非持续性但可以反复进行的动作，动词重叠表示动作进行的次数少（动量小）。（冯胜利、施春宏，2011；刘月华等，2001）其表达功能与动作发生的时间有密切关系。当动词重叠用于未然性动作时，其主要作用是缓和语气，委婉地表达主观愿望，如"你看看，你做得对吗？"；或表示动作比较随意，不太正式，如"我想跟你谈谈"。当动词重叠用于已然性动作时，一般有两种情况：（1）一些表示公认的具有特定意义的人体动作，重叠后表示持续时间很短，如"他点了点头"；（2）一些持续时间不会很长的动作，重叠后表示随意地做某事，如"老师讲了讲假期要注意的事情就下课了"。（刘月华等，2001）

（二）主要形式与典型例句

1. 未然性动作

单音节动词：AA或A—A。

（1）请你看看这道题。

（2）请你看一看这道题。

双音节动词：ABAB。

（3）我们休息休息吧。

离合词：AAB。

（4）周末我有时候跳跳舞，有时候跟朋友聊聊天儿。

2. 已然性动作[①]

单音节动词：A了A。

（5）他看了看我，没说话。

（三）典型情境

动词重叠常用于以下情境：（1）表达说话人的意愿，如"我想试试白色的"；（2）请求别人的帮助，如"请你给我们介绍介绍学校的情况吧"；（3）表达规律性或惯常性行为，这时要用两个以上的动词重叠式，如"旅游的时候，总要尝尝当地小吃，逛逛街"。

（四）重点与难点

动词重叠式教学的重点是使学生领悟其核心语法意义及其使用的典型情境，即明白为什么使用动词重叠，何时使用动词重叠。教学难点在于：（1）未然性动作和已然性动作、单音节动词和双音节动词的重叠式不同，动词重叠式还有可能与形容词重叠式产生混淆。（2）动词重叠对动词的性质有一定限制，可以重叠使用的主要是持续性动作动词和自主动作动词，非自主动作动词不能重叠。这一点学生很容易忽视。（3）在句法上，动词重叠也有一定的要求。表示正在进行的动作动词不能重叠，如不能说"我们正在聊聊天"；动词后有"过""着"等动态助词，也不能重叠，如不能说"他听听着音乐"（刘月华等，2001）。（4）动词重叠式不能与数量词语组合，如不能说"等等火车20分钟"

[①] 注：关于双音节动词能否重叠的问题，学术界存在争议。由于双音节动词重叠在语用中很少出现，因此"AB了AB"不作为初级语法教学的内容。

（王还，1963）。（5）动词重叠式具有动态性，一般不单独做定语（李大忠，1996），如不能说"我们刚才听听的那首歌真好听"。

（五）相关形式

形容词与动词一样有重叠式，学生在初级阶段接触动词重叠和形容词重叠的时间比较接近，因此教师在教学中应注意引导学生注意区分两类不同词性的词语重叠式的差异。

表示未然性动作的双音节动词的重叠式和双音节形容词的重叠式不一致。性质形容词有两种重叠式：一种是完全重叠式，即AABB式，如"漂漂亮亮""干干净净"；另一种是不完全重叠式，即A里AB式，如"糊里糊涂""马里马虎"。还有一类是由一个名词性语素或动词性语素和一个形容词性语素构成的复合形容词，如"雪白""焦黄"等，它们的重叠式是ABAB式，如"雪白雪白""焦黄焦黄"。但是，因为我们的教学对象是初级阶段的汉语二语学习者，这一阶段他们学习的主要是性质形容词的完全重叠式，所以我们的教学也只涉及这一类。由于性质形容词的完全重叠式是AABB式，而双音节动词的重叠式是ABAB式，所以学生可能会产生混淆，出现偏误。

二、教学步骤

（一）导入

动词重叠式的教学可以从复习形容词重叠式开始，通过复习达到区分两种不同重叠式的目的。

在导入阶段，教师可以先给出情境中的单音节形容词，请学生说出其重叠式。例如，教师说"他的个子很高"，学生说"他的个子高高的"或者"他高高的个子"。单音节形容词的重叠式复习完之后，教师再进入双音节形容词重叠式的复习。例如，教师可以问学生："他每天都很匆忙，可以怎么说？"学生回答："他每天都匆匆忙忙的。"复习完形容词重叠式以后，教师可以请学生思考："刚才我们复习了形容词重叠，动词也是可以重叠的。如果动词是单音节的，它的重叠式是什么呢？例如'看'，可以怎么说？"这样，教师就可以顺势进入下一环节——动词重叠式的讲练，通过给出对比性例句，引导学生体会和发现动词重叠的语法意义和表达功能。例如，教师用夸张的语气充分表达出下面两个例句之间的语用差别：

（1）请你看看这本书。

（2）请你看这本书。

（二）讲练

1. 未然性动作

① 单音节动词：AA或A一A

（3）请你看看这本书。（AA）

（4）我想问一问老师。（A一A）

教师需要说明：在这样的句子中，动作还没有发生，动词重叠会让句子听起来更客气一点。比较：

（5）你看这本书！

（6）你看看这本书。

例（5）这句话听起来不太客气，而例（6）这句话听起来则非常客气。所以当我们请别人帮忙的时候，用动词重叠会让我们的话听起来客气一些。

动词重叠有时可以表示某个动作很随便，不那么正式。比较：

（7）我想问父母同意不同意我去中国留学。

（8）我想问问朋友周末去不去酒吧。

例（8）这句话语气比较随意，例（7）则比较正式。

动词重叠有时候可以表示动作持续的时间很短。例如：

（9）我用用你的词典。

（10）你尝尝这个菜。

（11）你试试这件衣服。

教师用PPT展示动词，要求学生说出对应的重叠形式。例如：

玩、试、尝、坐、说、挑、打篮球、看电影、看电视、看朋友

② 双音节动词：ABAB

（12）我们休息休息吧。

教师用PPT展示练习，请学生用动词重叠式完成下面的句子：

（13）汉字很难，请大家多——（练习练习）

（14）听说那个学校很好，我想去——（参观参观）

（15）最近我的身体不太好，我要——（运动运动）

（16）今天学了很多生词，我要——（复习复习）

③ 离合词：AAB

跳舞——跳跳舞

聊天儿——聊聊天儿

滑冰——滑滑冰

练习1：教师用PPT展示图片，请学生回答问题"周末的时候可以做什么？"。

（17）周末的时候可以看看书，上网聊聊天儿。

（18）周末的时候可以玩玩儿电脑游戏，看看电视，喝喝酒。

练习2：学生快速轮流回答"周末的时候，你做什么？"。

2. 已然性动作

单音节动词：A了A。

（19）他看了看。

教师需要说明：已经完成的动作用重叠式，表示的意思是动作持续的时间很短。

练习：学生快速轮流回答"刚才你去哪儿了？"。（用结构"我去……V了V……"回答问题）

（三）总结

① 强调动词重叠的核心语法意义。

② 归纳未然性动作和已然性动作、单音节动词和双音节动词的不同重叠式，并与形容词重叠式做区分。

（四）课堂活动

任务：周末做什么？

要求：请采访班里的同学，问问他们周末的时候做什么，把他们的回答记录下来，填入表格内。在规定时间内，谁采访的同学最多，即为优胜者。采访结束后，请每位同学介绍一下他们的采访对象周末都做了什么，并用上动词重叠式。

三、典型偏误分析

1. 误用类偏误

（1）*我在北京学了学汉语。

正确句：我在北京学汉语了。

说明：动词重叠式表示动作持续的时间短或进行的次数少，"学汉语"是一个持续时间较长的动作，不能进行重叠。

（2）*我去他宿舍的时候，他正在看看书。

正确句：我去他宿舍的时候，他正在看书。

说明：表示正在进行的动作动词不能重叠。

2. 相关形式叠用类偏误

（3）*你可以猜猜一下我的爱好。

正确句：你可以猜一下我的爱好。/你可以猜猜我的爱好。

说明：动词重叠式和动量补语"一下"都表示动作的次数较少，不能同时使用。

（4）*我想想了一下，决定不去上海。

正确句：我想了想，决定不去上海。

说明：这个句子存在两个错误，一是动词重叠式和动量补语"一下"都表示动作的次数较少，不能同时使用；二是表示已然的动作的重叠式是"V了V"，而不是"VV了"。

四、练习

（一）根据句子的意思填入恰当的动词重叠式。

1. 春天到了，咱们去公园_____吧。
2. 你_____，有没有什么好办法？
3. 我_____。哎呀！鞋太小了，穿不下。
4. 你先带客人_____学校，吃完午饭我们再谈。
5. 我刚才回家_____我妈妈，她生病了。
6. 公司想派你去上海工作两年，你先_____，然后告诉我你的想法。

（二）请将句子中的动词改写成动词重叠式，并思考两种说法有什么不同。

1. 我要出去散步。
2. 房间里太热了，我想去外边走一会儿。
3. 他正在哭呢，你进去陪他吧！
4. 假期里，我每天看书、打球、游泳，玩儿得很开心。
5. 老板昨天跟我聊了，问我习惯不习惯这里的环境。
6. 能不能成功，你不试怎么知道呢？

五、知识链接

关于动词重叠的语法意义，有研究者（杨平，2003）认为其基本意义是减小动量，包括动作的时间长短（时量）、次数多少（频量）、力量轻重（力量）、社会价值的高低（价值量）等方面。这个量是一个主观的量、模糊的量。这样的意义概括可以对使用动词重叠式的各种句子做出统一合理的解释。而委婉的语气、尝试的意味、闲适的感觉等，都是由减小动量这一基本意义在不同语境下显现出的句式义，而不是动词重叠式本身的意义。另有研究者（鞠志勤，2013）认为动词重叠是汉语中语法化程度较低的短时体标记，其语法意义为突出事件的短时动态。

六、思考题

1. 学生在学习动词重叠时常出现哪些偏误？这些偏误出现的原因是什么？我们在课堂上怎样讲解才可以避免学生出现这些偏误？
2. 以你的理解，动词重叠式的核心语法意义是什么？你赞同哪种观点？

七、参考文献

冯胜利，施春宏.论汉语教学中的"三一语法"[J].语言科学，2011（5）.

鞠志勤.动词重叠的体标记地位及语篇语用研究[J].语言教学与研究，2013（2）.

李大忠.外国人学汉语语法偏误分析[M].北京：北京语言文化大学出版社，1996.

刘月华，潘文娱，故铧.实用现代汉语语法（增订本）[M].北京：商务印书馆，2001.

王还.动词重叠[J].中国语文，1963（1）.

王茂林.留学生动词重叠式使用情况浅析[J].语言教学与研究，2007（4）.

杨平.动词重叠式的基本意义[J].语言教学与研究，2003（5）.

第三十节　表周遍义的疑问代词

一、教学要点

（一）核心语法意义

疑问代词是用来表示疑问的词，它是构成疑问句的一种手段。就人提问用"谁"，就事物提问用"什么""哪"，就方式和性状提问用"怎么""怎么样"或"怎样"，就处所提问用"哪儿""哪里"，就时间提问用"什么时候""多久"，就数目提问用"几""多少"，等等。疑问代词除了可以表达疑问义以外，还有很多非疑问用法，其中一种就是表示周遍义。当疑问代词表示周遍义时，意思是"每一……"或者"所有的……"。由于不是有疑而问，所以不要求回答，句中常用副词"都"或"也"与之呼应，有时句首还可以用"无论""不管"等连词，更加突出其周遍义。（刘月华等，2001）

（二）主要形式与典型例句

1. 肯定形式

……疑问代词……都……

（1）他什么都知道。
（2）我怎么去都行。

2. 否定形式

……疑问代词……都/也＋不/没……

（3）我哪儿也没去。
（4）谁都不认识他。

（三）典型情境

表示周遍义的疑问代词，在句中表示一定范围内的"每一……"，也可以说是"所有的……"之意。说话人使用疑问代词来表达周遍义时，上下文之间常常体现出无条件关系。例如：

（5）A：我什么时候去找你比较合适？
　　　B：你什么时候来都可以。

A向B询问找他的时间，A句中的"什么时候"表示疑问；B的意思是所有的时间都合适，B句的"什么时候"表示周遍义。在B句中，"你什么时候来"和"都可以"这两部分之间具有无条件关系，也就是说，即使"来的时间"改变，也不会改变"可以"的结果。因此，具有"条件改变而结果不改变"这一特征的情境才是该语法点的典型情境，应成为教学设计的重点。

（四）重点与难点

表示周遍义的疑问代词有很多，每一个疑问代词都有各自的指代内容，而且不同的疑问代词甚至是同一个疑问代词在句中的语法位置也是有可能发生改变的，这都导致该语法点成为学生使用中的难点。因此，在教学中，教师要多选择常用的疑问代词，通过设计典型情境，展示疑问代词居于不同语法位置的典型例句，以此引导学生掌握该语法点的结构和功能，并领会在何种情境下使用该语法点。

（五）相关形式

除了表示周遍义以外，初级教学中还涉及疑问代词以下几种非疑问用法：

1. 表示否定

疑问代词表示否定义时，常用于反问句。例如：

（6）我去过那么多地方，什么没见过啊？
（7）你眼睛都红了，还看什么电视啊？
（8）谁不知道他是公司里最努力的人？
（9）他工作那么努力，怎么可能不来上班呢？
（10）我在北京住了30年了，哪儿没去过啊？
（11）他学习那么忙，哪儿有时间去旅行啊？

表示否定义的疑问代词用在反问句中时，虽然整个句子还是疑问形式，但不需要回答，答案可通过上下文推断出来。疑问代词有时可以表示对其相应内容的否定，如例（6）的"什么"表示"没有东西"，例（8）的"谁"表示"没有人"，例（10）的"哪儿"表示"没有地方"；有时只表示"不""没"或"别"等否定义，如例（7）表示"别"，例（9）表示"不"，例（11）表示"没"。

当得到别人的夸奖时，我们在口语中常用"哪儿呀"或"哪里哪里"表示自谦，其实这也是疑问代词的否定用法。

2. 表示虚指

疑问代词表示虚指时，也不需要回答，这时它指代的往往是不知道、说不出来或无须指明的人或事物。例如：

（12）我好像给你买什么了。
（13）孩子走路走得好好的，不知怎么摔了一跤。
（14）天气这么好，咱们去哪儿逛逛吧。
（15）我记得这件事以前谁告诉过我。

例（12）的"什么"表示"说不出来的某个东西"，例（13）的"怎么"表示"在不知道的某种情况下"，例（14）的"哪儿"表示"不确定的某个地方"，例（15）的"谁"表示"忘记了的某个人"。

二、教学步骤

（一）导入

为了充分体现疑问代词表周遍义的功能，教师可以选取典型情境进行导入。例如，教师通过提问创设情境，导入讲练部分的例（1）。具体如下：

教师：北京什么地方特别有名？
学生：故宫、颐和园、长城。
教师：这些地方你都去过吗？
学生：都去过。
教师：那你可以说"我哪儿都去过"或"哪儿我都去过"。

（二）讲练

1. 肯定形式：……疑问代词……都……

（1）我哪儿都去过。/哪儿我都去过。

教师需要跟学生强调的是：疑问代词"哪儿"的语法位置并不固定，可以在主语后，也可以在主语前。接下来，教师可以用同样的方法引导学生说出其他常用的疑问代词，如"什么""谁""怎么""什么时候"等等。然后，教师再利用图片和文字提示相结合的方式，引导学生说出一系列句子，练习不同的疑问代词。例如：

（2）大卫是电影迷，他什么电影都喜欢看。
（3）我很佩服他，因为他什么都懂。
（4）这个汉字很容易，我们谁都认识。
（5）故宫在市中心，坐公共汽车、地铁，或打车，怎么去都很方便。
（6）你什么时候来找我都可以。

在肯定形式的讲练结束以后，教师要适时做一个小结，归纳肯定形式的句式和例句，并强调疑问代词在语义上具有周遍性，在语法位置上具有不固定性。之后，教师可以借用肯定形式讲练中出现的情境，给出相反的回答，引出否定形式，导入例（7）。例如，教师可以这样问："北京的这些地方你哪儿都去过，可是玛丽刚来北京，这些地方她都没去过，应该怎么说呢？"

2. 否定形式：……疑问代词……都/也 + 不/没……

（7）玛丽刚来北京，她哪儿都/也没去过。

在给出否定形式的句式结构以后，教师还要针对不同的疑问代词设置不同的情境进行操练。例如：

（8）玛丽什么电影都/也不喜欢看。

（9）这个汉字很难，我们谁都/也不认识。

（10）长城在郊区，怎么去都/也不太方便。

在操练结束之后，教师要向学生清楚地指出：一般来说，只有在否定形式中，疑问代词才能和"也"搭配使用。

将这两种基本形式都讲练完以后，教师可以向学生展示一些图片作为提示，让生生之间围绕这两种形式进行问答练习。例如，教师展示"看书"的图片，学生之间可以问："你喜欢看书吗？你喜欢看什么书？"肯定形式的回答应该是：

（11）我什么书都喜欢看。

否定形式的回答应该是：

（12）我什么书都/也不喜欢看。

在生生练习的时候，教师要注意及时纠错和反馈。如果是普遍性的问题，教师有必要向全班学生再强调一下。

（三）总结

① 归纳表示周遍义的疑问代词在使用中的主要形式，强调肯定形式中不用"也"。

② 强调表示周遍义的疑问代词的核心意义是一定范围内的"每一……""所有的……"。

③ 强调表示周遍义的疑问代词在使用中，上下文之间常隐含着无条

件关系，即上文中疑问代词指代的条件无论发生什么改变，下文中的结果都不改变。

（四）课堂活动

任务：故事大王

要求：学生两人一组，使用表周遍义的疑问代词讲述关于自己的小故事，最少讲三个，每个小故事不少于两个句子，其中一个故事是假的。其他人可以就故事内容提问，并猜猜哪个故事是假的。例如：

（13）中国有八大菜系，名菜很多。我最大的爱好就是品尝不同菜系的名菜。烤鸭、蛇肉、麻婆豆腐，我哪道菜都吃过。

（14）我特别喜欢交朋友。隔壁班的同学，我谁都认识。

（15）来中国以前，我没学过汉语。刚来北京的时候，我什么也听不懂。

注意：在学生准备的时候，教师要到各小组巡视、指导，鼓励学生多说句子；在学生表达的时候，教师要注意学生出现的各种典型性偏误，并及时给予反馈和纠正。当然，我们这里设计的活动只是个基本形式。在实际教学中，教师要根据不同的教学需要对活动形式进行微调，提高活动的有效性。

三、典型偏误分析

1. 语序类偏误

（1）*他喜欢看什么电影都。

正确句：他什么电影都喜欢看。

说明：疑问代词表示周遍义时，肯定形式的正确语序是"……疑问代词……都……"。

2. 误用类偏误

（2）*这个孩子什么道理也懂。

正确句：这个孩子什么道理都懂。

说明：疑问代词表示周遍义时，肯定形式中一般用"都"，否定形式中用"都"或"也"。

四、练习

（一）请把疑问代词放在句中合适的位置上。

1. 这件事A我们B公司C都知道D。（谁）
2. 因为是第一次来中国A，所以他B都想去C看看D。（哪儿）
3. 他感冒A了，B东西C都不想吃D。（什么）
4. 我们A跟他说他都B不明白，真C让人D着急。（怎么）

（二）请用疑问代词回答问题。

1. A：你喜欢什么季节？
   B：_____。

2. A：咱们坐地铁去还是打车去？
   B：_____。

3. A：这里哪家饭馆比较好吃？
   B：_____。

4. A：在新公司，你认识的人多吗？
   B：_____。

五、知识链接

司罗红（2016）认为，疑问句和假设句是人类语言中普遍存在的句子类型。疑问和假设作为最重要的非线性成分在句法上表现为作用于全句的语用特征，这些特征必须通过添加标记、移位、重叠等有限的句法操作影响句子的线性结构，在句子表层得到体现，从而形成疑问句和假设句。当句子同时包含特指疑问词和假设特征时，特指疑问词所包含的词汇疑问特征将会被抑制，句法上表现为特指疑问词在假设句中的任指和虚指用法，这一现象可以通过疑问特征和假设特征的实例化推导出来。

范莉、孙雅静、宋刚（2017）从习得的角度对疑问词的非疑问用法进行了研究。文章认为，汉语疑问词的非疑问用法受到严格的语境限制，属于语言、认知等多层面的问题。语料显示，儿童两岁左右开始在否定句中使用做全称量词解读的疑问词，全称量词解读的习得早于存在量词解读的习得；儿童五岁左右在判断处在主要允准语境中的非疑问用法时与成人不存在显著性差异，各种语境在习得次序上按向下单调性逐减依次出现，这一发展特征验证了跨语言的理论假设，也与第二语言习得的研究成果契合；目标项的标记性差异也影响儿童的习得次序；儿童语法与成人语法间存在连续性。

六、思考题

1. 请举例说明在讲练不同的疑问代词时，如何实现自然过渡和衔接。
2. 疑问代词除了能表示周遍义以外，还有哪些非疑问用法？

七、参考文献

范莉,孙雅静,宋刚.汉语疑问词非疑问用法早期习得的实验研究[J].华文教学与研究,2017(3).

刘月华,潘文娱,故韡.实用现代汉语语法(增订本)[M].北京:商务印书馆,2001.

司罗红.特指疑问词在假设句中的非疑问用法[J].广西师范大学学报(哲学社会科学版),2016(4).

王佳."疑问代词+也+VP"式中"也"的认知解释[J].现代语文,2019(4).

第三十一节 "还是"和"或者"

一、教学要点

（一）核心语法意义

"还是"和"或者"都是连词，都表示选择关系，连接两种或几种可供选择的情况。"还是"主要用于疑问句，连接两种或几种可供选择的情况，表示说话人认为答案只有一个，并要求听话人回答并确认。"或者"主要用于陈述句，表示说话人认为这两种或几种可能性都存在，但无法确定。

（二）主要形式与典型例句

1. S + A 还是 B？

（1）下课以后你去食堂还是回宿舍？

2. S + A 或者 B（都）……

（2）我坐火车或者坐飞机都行。

（三）典型情境

"还是"主要连接说话人提供的两种或几种可供选择的情况，并要求听话人回答和确认。我们一般称包含连词"还是"的疑问句为选择疑问句。例如：

（3）你去商店还是银行？

"或者"也表示选择，主要用于陈述句，表示说话人认为这两种或几种可能性都存在，常常与范围副词"都"共现。"或者"还可以连接两个以上的成分。例如：

（4）用支付宝或者微信都行。

（5）或者你去，或者我去，或者他去，我们总要有一个人去。

（四）重点与难点

1. 连词"还是"的其他应用

①"还是"还可以用于陈述句，表示对选择项的不确定，句中一般要出现否定词"不"和"没"。这一点对汉语初学者来说比较难以理解和掌握。例如：

（6）我不知道她是中国人还是韩国人。

这类句中虽然包含一个以疑问句形式出现的成分，但这个句子仍是陈述句，所以句末要用句号，不能用问号。

②"还是"还经常出现在"不管""不论""无论"句中，表示不受所说条件的影响。例如：

（7）不管明天刮风还是下雨，她都坚持运动。

2. 与英语or的区别

由于"还是"与"或者"都对应英语的or，学生容易受母语负迁移的影响，将"还是"与"或者"混用。例如：

（8）a. *今天去还是明天去都行。

　　b. 今天去或者明天去都行。

（五）相关形式

"还是"还可以做副词，表示对几种可供选择的情况经过比较和仔细思考后，认为其中一种选择更好，且经常和句末语气词"吧"连用。此时，"还是"在表示选择结果的同时，还具有表达建议的功能。

例如：

（9）A：你坐火车还是坐飞机？

　　　B：坐火车太慢了，还是坐飞机吧。

"还是"还有一个义项是表示行为、动作或状态不变，或不因上文所说的情况而改变，经常出现在"虽然……，但……还是……"的结构中。例如：

（10）虽然小城市压力小，但我还是喜欢住在大城市。

二、教学步骤

（一）连词"还是"的教学

1. 导入

教师可以先用图片展示两项同属性的事物，如两种常见的水果、饭菜等，让学生先认识这两项同属性事物，再通过问答引出目标句。

例如，教师可以提问："你们喜欢吃面条儿吗？你们喜欢吃饺子吗？"学生做出肯定回答后，教师导入目标句，即例（1）。

（1）你们喜欢吃面条儿还是吃饺子？

2. 讲练

导入例（1）后，教师顺势向学生展示基本结构：S＋A还是B？

这里可以告诉学生：如果前后选项中动词是一样的，我们可以省去第二个动词。例如：

（2）你们喜欢吃面条儿还是（吃）饺子？

教师可以根据学生的实际情况进行询问，进一步对该句式进行操练。例如：

（3）下课后你去食堂还是回宿舍？

（4）你喜欢吃日本菜还是中国菜？

（5）你是英国人还是美国人？

练习完例（5）后，教师要向学生说明：如果第二个动词是"是"，那么"是"必须省略。因此，"你是英国人还是是美国人？"是个错误的句子。

接下来，教师应讲解"还是"用于陈述句的情况。教师先指定一个陌生人，然后询问学生"你知道他喜欢喝茶还是喝咖啡吗？"，得到学生的否定回答"我不知道"后，引出结构"我不知道 + S + A还是B"，引导学生说出目标句，即例（6）。

（6）我不知道他喜欢喝茶还是喝咖啡。

这时教师要向学生说明：这类句中虽然包含一个以疑问句形式出现的成分，但这个句子仍是陈述句，所以句末要用句号，不能用问号。

教师可以根据学生的实际情况进行询问，进一步对该句式进行操练。例如，教师可以问："第一次见面的时候，你知道小金是中国人还是韩国人吗？"学生经引导说出以下目标句：

（7）第一次见面的时候，我不知道他是中国人还是韩国人。

教师还可以问："假期我想去西安，也想去上海，我不知道到底应该去哪儿，用'还是'怎么说？"学生经引导说出以下目标句：

（8）我不知道去西安还是去上海。

3. 总结

"还是"要连接两种或几种可供选择的情况，表示说话人认为答案只有一个，并要求听话人回答并确认，主要用于疑问句。

4. 课堂活动

任务：猜一猜

要求：教师请一位学生上台，给他一张卡片，卡片上是班上一位同学的照片。教师告诉全班学生："这是我们班的一位同学，请你们用'还是'提问，猜一猜他/她是谁。"例如：

（9）他/她是男同学还是女同学？

（10）他/她是东方人还是西方人？

（11）他/她是韩国人还是日本人？

（二）连词"或者"的教学

1. 导入

由于连词"还是"和"或者"对应的英文都是or，学生容易造成混用，所以教师在讲解"或者"时可以用"还是"进行提问，形成对比，强化学生的记忆。

教师可以通过情景法进行导入，如可以问学生："你中午常常去哪儿吃饭？"学生可能会回答"去食堂"或"去饭馆"，那么教师再用"还是"提问："你去食堂吃还是去饭馆吃？"学生回答后教师再引出目标句，即例（12）。

（12）我中午常常去食堂吃或者去饭馆吃。

2. 讲练

教师可以通过问答进行操练，先展示多组图片，为每个问题提供几种可能的回答。例如：

（13）A：你周末常常做什么？
　　　　B：看电视或者逛街。

（14）A：我们怎么去天安门？坐地铁还是坐出租车？
　　　　B：坐地铁或者坐出租车都可以。

（15）A：你打算什么时候去超市？
　　　　B：或者星期六去，或者星期天去。

3. 总结

连词"或者"和"还是"都表示选择，"还是"用于疑问句，"或者"用于陈述句，都表示对选择项的不确定。

4. 课堂活动

任务：怎么过周末

要求：学生两人一组，围绕周末安排用"还是"和"或者"进行对话。

三、典型偏误分析

1. "还是"的误用类偏误

（1）*今天去还是明天去都行。

正确句：今天去或者明天去都行。

说明："还是"应用在疑问句中，表示说话人对选择项的不确定，需要听话人确认。

2. "或者"的误用类偏误

（2）*你喝咖啡或者茶？

正确句：你喝咖啡还是茶？

（3）*我不知道他是中国人或者日本人。

正确句：我不知道他是中国人还是日本人。

说明："或者"用在陈述句中，不能用在疑问句中。"我不知道"后是不确定的情况，后面应是问句，故应该用"还是"。

四、练习

（一）用"还是""或者"填空。

1. 坐地铁_____坐出租车都行。

2. 我不知道他是中国人_____日本人。

3. 你吃面条儿_____吃饺子？

4. 我今天不能去，_____星期六去，_____星期天去。

（二）完成会话。

1. A：周末你常常做什么？

   B：在家看书_____出去买东西。

2. A：毕业以后，你想当老师_____当翻译？

　　B：当老师_____当翻译都可以。你呢？

　　A：我还没想好当老师_____当翻译。

五、知识链接

连词"还是"和"或者"都表示选择关系，连接两种或几种可供选择的情况，二者在功能上有一定差别。"还是"主要用于疑问句，表示说话人认为答案只有一个；"或者"主要用于陈述句，表示说话人认为这两种或几种可能性都存在。"还是"还可以做副词，用来表示对几种可供选择的情况经过比较后做出说话人认为更好的选择。

"或者"有时也可以用于疑问句中，张晋涛（2008）的研究表明，在选择问句中，"或者"所连接的问句不仅可以是是非问句，还可以是特指问句和正反问句。"或"和"或者"的使用也是有差异的，其所连接的对象语义关系不同。刘清平（2011）指出，当要强调连接对象之间"时此时彼"的相容性时用"或"，当要强调连接对象之间"非此即彼"的不相容性时用"或者"。

六、思考题

1. "还是"有几个义项？其语法意义分别是什么？
2. 连词"还是"和"或者"的主要区别是什么？
3. 请你设计一个教学活动对连词"还是"和"或者"进行操练。

七、参考文献

刘清平. 连词"或"与"或者"的使用差异及其制约机制[J]. 世界汉语教学, 2011（3）.

刘月华，潘文娱，故骅. 实用现代汉语语法（增订本）[M]. 北京：商务印书馆, 2001.

张晋涛. 略论连词"或者"在疑问句中的使用[J]. 吉林师范大学学报（人文社会科学版）, 2008（3）.

朱庆祥. 连词"和/或者"居于条件判断句前项引发的相关问题[J]. 汉语学习, 2010（3）.

第三十二节 "就"和"才"

一、教学要点

（一）核心语法意义

副词"就"和"才"都有多种用法。当用在时间词后，它们表示说话人认为行为动作实际发生的时间比预想的早或晚。这时"才"和"就"所表达的意思正好相反：副词"就"用在时间点后，一般表示事情发生得很早、很快或进行得很顺利；"才"则一般表示事情发生得很晚、很慢或进行得不顺利。

（二）主要形式与典型例句

1. S + T + 就 + V（+ 了）

（1）他七点就来了。

（2）他半个小时就做完了。

2. S + T + 才 + V

（3）他九点才来。

（4）他两个小时才做完。

注意：T可以是时间点，也可以是时间段。

（三）典型情境

副词"就"用在时间点后，表示说话人认为事情发生得早；"就"

285

用在时间段后，表示说话人认为事情发生得快或进行得很顺利。例如：

（5）我九点就到了。（说话人认为早）

（6）我15分钟后就到。（说话人认为快）

而副词"才"用在时间点后，表示说话人认为事情发生得晚；"才"用在时间段后，表示说话人认为事情发生得慢或进行得不顺利。例如：

（7）他九点才到。（说话人认为晚）

（8）什么？15分钟后才到啊？（说话人认为慢）

注意：我们这里所说的"快""慢""早""晚"，是相对而言的，通常是以说话人的主观判断和感觉为依据的。在交际表达中，同样的时间点或时间段，如果说话人认为这一时间早或动作进行得快就选择副词"就"；反之，如果说话人认为这一时间晚或动作进行得慢就选择副词"才"。

（四）重点与难点

时间词后的副词"才"和"就"在教学中的重点与难点主要体现在以下三个方面：

① 副词"才"和"就"与时间词的位置关系非常重要，在时间词前与在时间词后所表达的意思截然不同。只有出现在时间词后的"才"才表示晚、慢、不顺利，"就"则表示早、快、顺利。

② 与句尾"了"的兼容性问题。"就"句中事件时间早于预期时间，事件的发生早于预料，具有新闻性，与句尾"了"兼容；"才"句中事件时间晚于预期时间，事件的实现处于说话人的等待之中，不具有新闻性，与句尾"了"无法兼容。（金立鑫、于秀金，2013）

③ "才"和"就"所表示的早晚与快慢都是以说话人的主观判断和感觉为依据的，一位老人可能会说一位自以为早起的年轻人"六点才起床"。

我们在教学中应通过反复操练强化"才"和"就"的句法格式，同时凸显典型情境，使学生准确掌握"才"和"就"出现在时间词后所表达的不同意义。在操练完成后，我们还应通过设计综合性的教学活动，使学生在使用中掌握该语法点。

（五）相关形式

"就"和"才"放在时间词前和时间词后的意义不同，易为学生所混淆。二者的差异主要如下：

1. "T + 就" VS "就 + T"

"$T_点$ + 就"表示说话人认为事情发生得早，而"就 + $T_点$"表示说话人认为事情发生得晚。例如：

（9）a. 我10点就到家了。

　　　b. 我到家就10点了。

"$T_段$ + 就"表示说话人认为事情发生得快或进行得很顺利，如"我半个小时就到了"。"就 + V + $T_段$"一般表示说话人认为事情进行得慢或不顺利，如"我打车就打了半个小时"；但有时候也可以表示说话人认为事情进行得快，我们可以根据重音或上下文来确定。例如："她做完这些工作'就用了三天，剩下的时间都在休息"，重音在"就"上，意思是三天很快，用时很短；"她做完这些工作就用了三天，还有好多工作都没做呢"，这里意思是三天很长，用时很久。

2. "T + 才" VS "才 + T"

"$T_点$ + 才"表示说话人认为事情发生得晚，而"才 + $T_点$"表示说话人认为事情发生得早。例如：

（10）他八点才到家。

（11）他到家才八点。

"$T_段$ + 才"表示说话人认为事情发生得慢或进行得不顺利，而"才 + V + $T_段$"表示说话人认为事情发生得快或进行得很顺利。例如：

（12）他半个小时才到家。

（13）他到家才用了半个小时。

因而，副词"就"和"才"与时间词的位置及其语义关系是我们在教学中应该特别强调的。提前了解学生在学习这一语法点的过程中可能出现的问题和疑惑，能帮助我们更有针对性地进行教学，也就能更好地实现教学目标，达到教学效果。

二、教学步骤

（一）导入

为了充分体现"T+才"与"T+就"所表达的意义相反这一特点，教师可以同时采用对比法和情景法导入这一语法点。例如，教师可以问全班学生"你昨天晚上几点睡觉？"，并从学生的回答中找出睡得最晚的A同学和最早的B同学，然后通过问答进行导入。例如：

教师：A同学几点睡觉？

学生：12点睡觉。

教师：他睡得早吗？

学生：他睡得很晚。

教师：他12点睡觉，很晚，我们可以说"他12点才睡觉"［例（1）］。"（12点）才"的意思是我们觉得12点睡很晚。

教师：B同学几点睡觉？

学生：九点睡觉。

教师：他睡得早吗？

学生：睡得很早。

教师：我们觉得九点睡很早，所以可以说"他九点就睡觉了"［例（2）］。

教师若想节约时间，也可以直接利用图片导入。

（二）讲练

1. S + T$_{点}$ + 才 + V 和 S + T$_{点}$ + 就 + V（+ 了）

（1）他12点才睡觉。

（2）他九点就睡觉了。

通过上述导入，教师引出了"才"和"就"位于时间点后的结构形式。接下来，教师可以再用例子强化一下"就"的基本句式，并为导入"才"和"就"位于时间段后的结构形式做铺垫。例如：

教师：你们猜老师晚上几点睡觉？

学生：九点半。（图片提示）

教师：你觉得早还是晚？

学生：很早。

教师：我们可以怎么说？

学生：老师九点半就睡觉了。［例（3）］

教师：老师九点半就睡觉了，那老师几点起床呢？

学生：五点半。（图片提示）

教师：很早，是吧？那可以怎么说？

学生：老师五点半就起床了。［例（4）］

（3）老师九点半就睡觉了。

（4）老师五点半就起床了。

2. S + T$_{段}$ + 才 + V 和 S + T$_{段}$ + 就 + V（+ 了）

为什么老师起得很早呢？因为老师家不在学校附近。教师可以给学生画一幅图，图上画着老师家和学校两个地方，一种情况是不堵车的时候，从老师家到学校需要15分钟；另一种情况是堵车的时候，从老师家到学校需要50分钟。然后教师通过问答引导学生说出例（5）和例（6）。具体过程如下：

教师：好，这是老师家，这是学校。不堵车的话，老师15分钟到学校。快不快？

学生：快。

教师：我们觉得15分钟很快，那我们用"就"怎么说？

学生：老师15分钟就到学校了。[例（5）]

教师：那堵车的时候呢？

学生：50分钟。

教师：快不快？

学生：很慢。

教师：我们觉得50分钟很慢，用"才"可以说——

学生：老师50分钟才到学校。[例（6）]

（5）老师15分钟就到学校了。

（6）老师50分钟才到学校。

在"才"和"就"的操练中，教师可以给学生提供一些包含时点早晚、时段快慢、进行顺利不顺利的图片，让学生分组看图进行问答，巩固和强化今天所学的语法点；也可以创设情境进行问答，引导学生正确使用时间词后"才"和"就"的四种基本形式。例如，学生两人一组，用"就"或"才"回答下列问题，看谁回答得又快又准：

（7）你每天几点睡觉？你的同桌呢？（目标句：我每天九点就睡觉了，我同桌12点才睡。）

（8）你每天几点起床？你的同桌呢？（目标句：我每天六点就起床了，我同桌七点半才起床。）

（9）你每天几点到教室？你的同桌呢？（目标句：我每天七点半就到教室了，我同桌八点才到教室。）

（10）你每天到学校要多长时间？你的同桌呢？（目标句：我每天要20分钟才能到学校，我同桌五分钟就到学校了。）

（11）昨天的作业你做了多长时间？你的同桌呢？（目标句：我一个小时才做完作业，我同桌半个小时就做完作业了。）

注意：在操练过程中，对于学生出现的各种偏误，教师要及时纠正和反馈。如果是普遍性的问题，教师有必要向全班学生再强调一下。

（三）总结

① 回顾"就"和"才"的句法格式和语义："就"放在时间词后，表示事情发生得早、快或进行得很顺利；"才"放在时间词后，表示事情发生得晚、慢或进行得不顺利。

② 如果强调动作发生得早并且已经发生，"就"之后常常用"了"，而"才"之后一般不用"了"。

（四）课堂活动

任务：我俩不一样

要求：教师先请学生在班内开展调查，获取一些事件的时点和时段信息，如起床、吃早饭、到教室、做运动、做作业、吃晚饭、睡觉等；然后请学生选择一个与自己生活习惯不太一样的人，用"才"和"就"进行对比描述。

注意：在学生的表达过程中，教师要注意学生出现的各种典型性偏误，并及时给予反馈和纠正。

三、典型偏误分析

1. "才"和"就"的混淆类偏误

（1）*作业太多，我两个小时就做完了。

正确句：作业太多，我两个小时才做完。

说明：副词"就"用在时间段后，一般表示事情发生得很早、很快或进行得很顺利，而"才"则一般表示事情发生得很晚、很慢或进行得不顺利。

2. "才"和"就"的回避类偏误

（2）*他六点起床很早。

正确句：他六点就起床了。

说明：学生常常会受母语负迁移等因素的影响，回避使用"才"和"就"，导致该类偏误的出现。

3. "了"的误用类偏误

（3）*昨天晚上他八点就睡觉。

正确句：昨天晚上他八点就睡觉了。

（4）*昨天晚上他12点才睡觉了。

正确句：昨天晚上他12点才睡觉。

说明：学生在"才"和"就"的句尾是否使用"了"上常常出现偏误，不清楚"才"和"就"与句尾"了"的兼容性问题。简单地说，"就"句与句尾"了"兼容，而"才"句与句尾"了"无法兼容。

四、练习

（一）用"就"或"才"填空。

1. 他五岁_____上学了，他弟弟八岁_____上学。

2. 火车两点_____开了，你来晚了。

3. 我们八点上课，他九点_____来。

4. 她家离学校很近，五分钟_____到了。

（二）把"就"或"才"放在句中合适的位置上。

1. A我B九点C起床D。

2. 路上堵车，A汽车B开了C半小时D到。

3. 我A10点B睡觉了，我妹妹C12点D睡觉。

（三）选择正确答案。

1. 这本书我看了一个星期才看完，他怎么三天就看完了？

这句话的意思是（　　　）

A. 这本书我看得慢，他看得快　　B. 这本书我看得快，他看得慢

C. 这本书我们看得都很快　　　　D. 这本书我们看得都很慢

2. A：妈妈，我昨天11点半就睡觉了。

　　B：啊？你怎么11点半才睡觉？

　这组对话的意思是（　　）

　　A. 她觉得昨天睡得很晚

　　B. 她妈妈觉得她睡得很早

　　C. 她觉得11点半睡觉很早，妈妈觉得很晚

　　D. 她觉得11点半睡觉很晚，妈妈觉得很早

五、知识链接

"X就Y了"结构表现"低X就高Y"的主观量是有条件的，一是量变化为单向，二是句尾的"了₂"。如果量的变化是可控的、双向的，离开语境，该结构就有歧义，其主观量不确定。数量词在"就"结构中是触发并吸引"就"主观量功能的最敏感成分。在"就"前后均有数量成分的结构中，重音所在的数量成分吸引"就"的主观量功能。"就"的核心功能是限定空间，最简结构为未实现体，具有积极意义；"才"的核心功能是限定时间，最简结构为实现体，具有消极意义。"才"的用法从限定动词逐渐扩展到限定数量词，表示小量；再扩展到后置于数量词，反训为表示大量。"才"的前后分别出现可对比单位，则遵守"高X才低Y"规则。（金立鑫，2015）

六、思考题

1. 对于学生的偏误句"他才九点起床"，你会如何进行纠偏？
2. 请你就用在时间词后的副词"就"和"才"设计一个交际活动。

七、参考文献

金立鑫.关于"就"和"才"若干问题的解释[J].语言教学与研究,2015(6).

金立鑫,于秀金."就/才"句法结构与"了"的兼容性问题[J].汉语学习,2013(3).

王楠.副词"才"和"就"在基础汉语精读课上的对比教学浅析[J].文教资料,2010(9).

第三十三节 "再"和"又"

一、教学要点

（一）核心语法意义

副词"再"和"又"有很多用法，这里我们讨论的是表示动作或情况的重复这一用法。二者都可以放在动词前做状语，表示动作或情况的重复，即此前同样的动作或情况至少已经出现过一次。

（二）主要形式与典型例句

1.（S＋）再＋VP

（1）我们再试试吧。

2. S＋又＋VP＋了

（2）这个人昨天来过，今天又来了。

（3）中国又建成了一条高铁。

3. S＋没/不/别＋再＋VP（＋了）

（4）今天他没再来。

（5）她闭上嘴，不再说话。

（6）这件事你别再考虑了。

注意：在否定时，"再"的前面可以用"没/不/别"，"又"的前面通常不能用"没/不/别"。例如：

（7）A：他今天又来了吗？
　　　B：他今天没（再）来。

（三）典型情境

虽然"再"和"又"都可以表示重复义，但是二者之间是存在差异的。"又"表示的是相同类属动作或情况的相加，常用于对已发生的动作或情况的重复，所以在形式上，动词或句子后常有表示完成、实现等语法意义的"了"或其他成分。例如：

（8）去年我去过上海，很漂亮，上个月我又去了一次。

"再"所表示的动作或情况通常是即将实现的，也就是说，重复尚未发生，是未然的。"再"主要用来表示主观意愿或要求，可以用在祈使句、假设句中。例如：

（9）请你再说一遍。

（10）去年我去过上海，很漂亮，以后有时间我想再去一次。

（四）重点与难点

"再"和"又"是现代汉语中两个使用频率较高的表重复义的近义副词，也是初级汉语水平的留学生极易混用的两个词。"再"和"又"与动词或动词性短语共现时，都位于动词性成分之前。这是汉语中典型的副词位于动词前的分布情况。但是"再"和"又"与能愿动词共现时，则出现了分布不一致："再"常位于能愿动词之后、动词之前，其语义指向集中在动词上；而"又"则常位于能愿动词之前，其语义指向集中在能愿动词上。例如：

（11）这部电影太难懂了，我想再看一遍。

（12）今天天气真好，我又想去公园玩了。

"再"和"又"的教学在初级、中级和高级阶段有不同的侧重点。在初级阶段，我们要引导学生牢固掌握"再"和"又"的句法位置，同时领会"再"和"又"在语义方面的共性与差异。在形式操练完成后，我们还要通过设计综合性的教学活动，使学生在使用中掌握"再"和"又"。对于"再"和"又"在句类选择以及与否定形式连用等方面的异同，我们这里暂不涉及，将在中高级阶段再做讲解。

（五）相关形式

"再""又"与"还"同为表重复义的副词，易为学生所混淆。三者的差异主要表现在：

① "再"和"还"在大多数情况下表示未发生的动作行为的重复，而"又"表示发生过的动作行为的重复。但是，"又"在特殊情况下也可以表示"未然态"。例如"明天又轮到我做值日了"，在这个句子中，"又"表示的是周期性的动作或状态将重复发生。再如"下周放假，我又可以坐高铁去旅行了"，在这个句子中，"又"与能愿动词连用表示对接下来可能会发生的情况的估计或猜测。

② "再"和"又"可以直接与动词重叠式连用，而"还"必须与能愿动词搭配才能与动词重叠式连用。例如：

（13）我们还会商量商量。

③ "又"可以带结果补语，也可以带数量补语；"再"可以带数量补语，但通常不带结果补语（假设句除外）；"还"不能带结果补语，带数量补语时一般需要与能愿动词同现才符合汉语的表达习惯。例如：

（14）我还要看一遍。

④ 与能愿动词搭配时，"再"位于能愿动词之后，其语义指向实义动词；"又"与"还"位于能愿动词之前，其语义指向能愿动词。例如：

（15）我想再去上海旅行。

（16）我又想去上海旅行了。

（17）我还想去上海旅行。

⑤ "再"可用在祈使句中，"又""还"不可以。例如：

（18）请你再读一遍。

二、教学步骤

（一）导入

教师可以将"再""又"的导入与听写环节结合起来进行。例如，教师请一位学生到黑板上听写，给出指令"请你写一个汉字'太'"（这里听写的具体汉字可以根据当课的教学内容确定，此处仅为举例）；学生写完第一个汉字后，教师再次发出指令"请你再写一个汉字'好'"（发出指令时，"再"需重音强调），同时板书目标句，即例（1），并利用字体的颜色或大小突出"再"；随后教师带领其他学生一起给这位学生重复指令，即"请你再写一个汉字'好'"；学生写完后，教师通过提问"开始的时候，他写了一个汉字，刚才他又做什么了？"，引导学生说出目标句"他又写了一个汉字"，即例（2）；最后，教师板书并突出强调"又"。

（二）讲练

1. 无能愿动词

（S+）再+VP

S+又+VP+了

（1）请你再写一个汉字。

（2）他又写了一个汉字。

在听写的过程中，教师可以带领学生在真实的情境中通过多次重复对比说出这两个句子。教师还可以通过有针对性的提问，如"他已经写了还是要写？""句中有没有'了'"等，让学生更加清楚"再"和"又"的异同。

教师给出情境，并通过师生对话帮助学生进一步练习"再"和"又"。例如：

（3）老师说了一遍，可是你没听懂，你可以说——（目标句：请您再说一遍。）

（4）汉字写了一遍，你没看清楚，你可以说——（目标句：请你再写一遍。）

（5）他说了一遍，我没听懂，所以他又——（目标句：他又说了一遍。）

（6）他写了一遍，我没看清楚，他写了第二遍，可以说他——（目标句：他又写了一遍。）

（7）你去饭馆或商店，最后走的时候服务员或营业员常常说什么？（目标句：欢迎再来。）

（8）你看了一部电影，很好看，所以你看了第二遍。怎么说？（目标句：我又看了一遍。）

（9）他尝了宫保鸡丁，你想让他尝尝北京烤鸭，你怎么说？（目标句：你再尝尝北京烤鸭吧。）

2. 带能愿动词

S + V$_{能愿}$ + 再 + VP

S + 又 + V$_{能愿}$ + VP + 了

"再"和"又"带能愿动词时的语序和语义指向都不同，需要进行强调和操练。例如：

（10）你喝了一瓶啤酒，想喝第二瓶，你可以怎么说？（目标句：我想再喝一瓶啤酒。）

（11）他特别喜欢喝啤酒，中午想喝啤酒，喝了，晚上他又——（目标句：他又想喝啤酒了。）

（12）你吃了一个包子，没吃饱，想吃第二个，怎么说？（目标句：我想再吃一个包子。）

（13）长城很好玩儿，虽然我刚去过，但是下周我想——（目标句：我想再去一次。）

（14）你买了一件衣服，很漂亮，想给朋友买一件，跟售货员怎么说？（目标句：我想再给朋友买一件。）

（15）她上周刚买了两件新衣服，今天又觉得没有衣服穿了，所以她——（目标句：她又想去买衣服了。）

（三）总结

强调"再"和"又"二者的语义异同，引导学生回顾"再"和"又"加动词及动词性短语、带能愿动词等时的基本形式。

（四）课堂活动

任务：我说你做

要求：教师提前准备好词卡，词卡上是一些在课堂上易于表现的动词或动词词组，如"跳舞""唱中国歌""写汉字"等；学生两人一组，学生A选择词卡并发出指令，学生B做动作并进行总结描述。以"唱歌"词卡为例，学生B先根据学生A发出的指令"唱歌"做动作；学生B唱完歌后，学生A可以发出新的指令"请你再唱一首歌"或者"请你再唱一遍"或者"我想再听一遍"，学生B听后再唱一首新歌或者将刚才的歌再唱一遍，唱完后说句子"我唱了一首歌，又唱了一首歌"或者"我唱了一遍，又唱了一遍"。这个游戏既有趣味性，又可以让学生在真实的情境互动中进一步理解"再"和"又"的异同，达到"在用中学"的目的。

注意：在学生的表达过程中，教师要注意学生出现的各种典型性偏误，并及时给予反馈和纠正。

三、典型偏误分析

1. "再"和"又"的混淆类偏误

（1）*我很喜欢这首歌，想又听一遍。

正确句：我很喜欢这首歌，想再听一遍。

说明：这是因无法区分"再"和"又"使用的不同时间条件而造成的混用。"又"表示的是相同类属动作或情况的相加，常用于对已发生的动作或情况的重复；而"再"所表示的动作或情况通常是即将实现的，也就是说，重复尚未发生，是未然的。

2. "了"的遗漏类偏误

（2）*前年我去过一次北京，去年又去一次。

正确句：前年我去过一次北京，去年又去了一次。

说明："又"表示的是相同类属动作或情况的相加，常用于对已发生的动作或情况的重复，所以在形式上，动词或句子后常有表示完成、实现等语法意义的"了"或其他成分。

3. 语序类偏误

（3）*我再想跟他见个面。

正确句：我想再跟他见个面。

说明：与能愿动词搭配时，"再"常位于能愿动词之后、动词之前，其语义指向集中在动词上；而"又"则常位于能愿动词之前，其语义指向集中在能愿动词上。

四、练习

（一）用"再"或"又"填空。

1. 他昨天没来上课，今天_____没来。
2. 你妈妈刚才给你打电话，你不在，她说一会儿_____打。
3. 这本书我已经看过一遍了，没意思，不想_____看了。
4. 她给我们唱了一首歌，很好听，我们让她_____唱一首，她只好_____唱了一首。

（二）将"再"或"又"放在句中合适的位置上。

1. 明天我A想B去C故宫看看D。
2. A今天的比赛B大卫C赢D了。

3. 他的腿A好了B，C可以D打篮球了。
4. 我A想B看C一遍D那部电影。

五、知识链接

"再"和"又"语义方面的不同：涉及的时域不同，"再"表示未然，而"又"常表示已然，但也可以表示未然（表示预测带有规律性的情况将重复出现，表示说话人认为动作重复次数过多）；"再"更倾向于客观陈述，"又"可以表客观，有时也带有主观性。语法方面的不同：与否定副词共现，"再不……"或者"不再……"都可，但意义不同；而一般否定副词"不"放在"又"的后面，只有"别"放在"又"的前面。与能愿动词共现时，"再"的语义指向行为动词，"又"的语义指向能愿动词。语用方面的不同：表示已然的陈述句，二者都可以，但"再"所在句中必须含有假设；祈使句只有"再"可以进入。轻重音的选择与语义指向有关，"再"的重音落在行为动词上，"又"的重音落在能愿动词上。（乔莎莎，2014）

六、思考题

1. 对于学生输出的偏误句"我可以还买一支吗？"，你会如何给学生纠偏？
2. 请结合学生实际生活就"再"和"又"设计一个交际活动。

七、参考文献

李帆. 表重复义副词"再""又""还"的偏误分析及教学建议——以中亚留学生初中级阶段汉语学习为例[D]. 乌鲁木齐：新疆大学硕士学位论文，2016.

李晓琪. 母语为英语者习得"再"、"又"的考察[J]. 世界汉语教学，2002（2）.

乔莎莎. 也说"再"和"又"[J]. 哈尔滨学院学报，2014（10）.

张颜. 泰国学生使用副词"又"、"再"的偏误分析——以泰国玛哈萨拉坎大学中文专业本科生为例[D]. 南宁：广西民族大学硕士学位论文，2011.